# CLASSIQUES EN POCHE

*Collection
dirigée
par
Hélène Monsacré*

*Dans la même collection*

1. Aristophane, *Lysistrata.*
2. Aristote, *Constitution d'Athènes.*
3. Cicéron, *L'Amitié.*
4. Platon, *Alcibiade.*
5. Suétone, *Vies des douze Césars, Claude ~ Néron.*
6. Plotin, *Première Ennéade.*
7. Eschyle, *Les Sept contre Thèbes.*
8. Platon, *Critias.*
9. Aristote, *La Poétique.*
10. Horace, *Odes.*
11. Pline l'Ancien, *Histoire Naturelle, XXXV, la Peinture.*
12. Virgile, *Bucoliques.*
13. Platon, *Ménexène.*
14. Tacite, *Vie d'Agricola ~ La Germanie.*
15. Platon, *Protagoras.*
16. Sophocle, *Antigone.*
17. Sénèque, *La Vie heureuse ~ La Providence.*
18. Cicéron, *Le Bien et le Mal, De finibus, III.*
19. Platon, *Gorgias.*
20. Hérodote, *L'Égypte, Histoires, II.*
21. César, *Guerre des Gaules, I-II.*
22. Ovide, *Les Amours.*
23. Plotin, *Deuxième Ennéade.*
24. Sophocle, *Œdipe Roi.*
25. Tite-Live, *Histoire romaine, I, La Fondation de Rome.*
26. Virgile, *Géorgiques.*
27. Pseudo-Sénèque, *Octavie.*
28. Catulle, *Poésies.*
29. Aristote, *Politique II.*
30. Aristophane, *Les Guêpes.*
31. Homère, *Iliade, chants I à VIII.*
32. Euripide, *Les Bacchantes.*
33. Plaute, *Pseudolus.*
34. Tertullien, *Apologétique.*
35. Homère, *Iliade, chants IX à XVI.*
36. Platon, *Phèdre.*
37. Homère, *Iliade, chants XVII à XXIV.*
38. Salluste, *La Conjuration de Catilina.*
39. Cicéron, *Pro Milone.*
40. Platon, *Lysis.*
41. Plotin, *Troisième Ennéade.*
42. Diogène Laërce, *Vie de Platon.*
43. Pline l'Ancien, *Histoire naturelle, XXXIII, Nature des métaux.*
44. Pétrone, *Satiricon.*
45. Apulée, *Apologie.*
46. Lucien, *Alexandre ou le faux prophète.*
47. Plutarque, *Les Vies parallèles. Alcibiade ~ Coriolan.*
48. Démosthène, *Sur la Couronne.*
49. Euripide, *Hécube.*
50. Mamertin, *Panégyriques de Maximien (289 et 291).*
51. Platon, *Hippias mineur.*
52. Xénophon, *Anabase, I-II.*
53. Suétone, *Vies des douze Césars, Tibère ~ Caligula.*
54. Salluste, *La Guerre de Jugurtha.*
55. Eschyle, *Les Perses.*
56. Sophocle, *Ajax.*
57. Horace, *Satires.*
58. Homère, *Odyssée, chants I à VII.*
59. Homère, *Odyssée, chants VIII à XV.*
60. Homère, *Odyssée, chants XVI à XXIV.*
61. Juvénal, *Satires.*
62. Cicéron, *De la vieillesse (Caton l'Ancien).*
63. Julien, *Misopogon.*
64. Aristote, *Économique.*
65. Pline l'Ancien, *Histoire naturelle, XXX, Magie et pharmacopée.*

# ARISTOPHANE

# PLOUTOS

*Texte établi par Victor Coulon,*
*et traduit par Hilaire Van Daele*
*Introduction et notes par Silvia Milanezi*

LES BELLES LETTRES

2008

*Dans la même collection (suite)*

66. Platon, *Apologie de Socrate.*

67. Eschyle, *Les Suppliantes.*

68. Christopher Marlowe, *La Tragique Histoire du Docteur Faust.*

69. *La Bhagavad-Gîtâ.*

70. Ben Jonson, *Volpone ou le Renard.*

71. William Shakespeare, *Richard II.*

72. William Shakespeare, *Les Joyeuses Commères de Windsor.*

73. Pierre Gassendi, *Vie et mœurs d'Épicure*, vol. I.

74. Pierre Gassendi, *Vie et mœurs d'Épicure*, vol. II.

75. John Marston, *La Tragédie de Sophonisbe.*

76. John Webster, *La Duchesse d'Amalfi.*

77. Jean Second, *Les Baisers* - Michel Marulle, *Épigrammes.*

78. Plutarque, *Sur les oracles de la Pythie.*

79. Euripide, *Hélène.*

80. Hérodote, *Marathon, Histoires, VI.*

81. Sénèque, *Lettres à Lucilius, livres III et IV.*

82. Apulée, *Les Métamorphoses ou L'Âne d'or.*

83. Suétone, *Vies des douze Césars, César~Auguste.*

*Ce texte et la traduction sont repris du volume correspondant dans la Collection des Universités de France (C.U.F.), toujours disponible avec apparat critique et scientifique. (Aristophane,* Comédies, *tome V.* L'Assemblée des Femmes - Ploutos, *7ᵉ tirage, 2002)*

© 2008, Société d'édition Les Belles Lettres,
95 bd Raspail 75006 Paris.
*www.lesbelleslettres.com*

ISBN : 978-2-251-79995-7

# Introduction

*par Silvia Milanezi[1]*

> *Grand est le bonheur de celui qu'elles dai-*
> *gnent aimer, parmi les hommes de la terre!*
> *Elles envoient Ploutos, qui donne la richesse*
> *aux hommes mortels.*
> *Hymne homérique à Déméter*, 486-488.

Aristophane est né vers le milieu du $V^e$ siècle[2] à Athènes, dans le dème de Kydathénée[3], dans la tribu Pandionis. Il est un des plus grands poètes comiques de la génération qui a fleuri pendant la guerre du Péloponnèse. En 427 av. J.-C., il fait ses débuts au théâtre de Dionysos avec les *Banqueteurs*, sous le nom de Callistratos* ou de Philonidès*[4], et obtient sa première victoire lors des Lénéennes de 425 av. J.-C., avec les *Acharniens*.

---

1. Professeur d'histoire grecque à l'université de Nantes.
2. Entre 450 et 445 av. J.-C. Selon Dover, 1994, pp. 2-3, cette datation tient moins de la réalité que d'un procédé hellénistique qui consiste à placer la naissance d'un poète quarante ans avant son acmé, celle d'Aristophane coïncidant avec la représentation des *Grenouilles* en 405 av. J.-C.
3. Sur ce point voir *Aristophanous Bios*, t. 1, l. 1-2 (éd. K.-A.). Sur sa vie, voir Lefkowitz, 1981, pp. 105-113 et pp. 169-170.
4. Sur l'exorde secret d'Aristophane, voir MacDowell, 1982, pp. 21-26 ; Mastromarco, 1979, pp. 153-196 et 1994, pp. 40-61; Halliwell, 1996², pp. 98-116.

Selon les sources anciennes, après avoir fait ses preuves au théâtre, il demande, en 424 av. J.-C., pour la première fois de sa carrière, un chœur en son propre nom, et remporte, avec les *Cavaliers*, le premier prix aux Lénéennes. Par la suite, il accumule d'autres victoires aux Dionysies et, si l'on en croit l'auteur anonyme de sa *Vie*, obtient l'insigne honneur de présenter une reprise des *Grenouilles*, pièce qu'il avait mise en scène pour la première fois en 405 av. J.-C.

En 388 av. J.-C., sous l'archontat d'Antipater, âgé de soixante ans environ, il présenta le *Ploutos*[5]. Ce fut vraisemblablement la dernière fois qu'il demanda un chœur en son nom à l'archonte responsable du concours. D'après l'auteur anonyme de l'*Argument* III (éd. Coulon), il aurait en effet confié à son fils Araros*, afin de l'introduire auprès de son public, le soin de mettre en scène ses dernières comédies, l'*Éolosicon* et le *Cokalos*[6]. Si le nom de ses quatre concurrents ainsi que le titre de leurs œuvres[7] nous sont connus, nous ne savons pas à quel concours la pièce aurait été présentée, ni le rang qu'elle aurait obtenu[8].

---

5. En 408, le poète avait présenté une pièce homonyme, aujourd'hui perdue. Sur ce point, voir, Sommerstein, 2001, pp. 28-33.

6. Cette pratique n'était nullement étrangère au monde des concours puisque les poètes tragiques et comiques faisaient appel à des *didaskaloi*, les entraîneurs du chœur. Aristophane s'est servi de cette possibilité tout au long de sa carrière, comme le soulignent les sources anciennes. Sur la question, voir, MacDowell, 1982, pp. 21-26 ; Mastromarco, 1983, pp. 29-35 ; Mastromarco, 1994, pp. 40-61 ; Halliwell, 1996[2], pp. 98-116.

7. Nicomaque, *Laconiens* ; Aristoménès, *Admète* ; Nicophon, *Adonis* ; Alcée, *Pasiphaé*. Cinq pièces comiques étaient représentées lors des Dionysies, selon Luppe, 1972, pp. 53-75 ; Csapo et Slater, 1995, p. 107 ; pp. 123-124, observent la difficulté à préciser le nombre de pièces présentées soit à ce concours, soit à celui des Lénéennes.

8. Russo, 1984, p. 335 considère que, même si l'auteur de l'*Argument* III n'indique pas le vainqueur du concours, son ton suggère qu'Aristophane avait obtenu la victoire. Une telle conclusion

Aristophane meurt aux alentours de 385, laissant derrière lui quarante-quatre comédies dont onze nous sont
parvenues. Toute sa vie, il a mis son génie et son extraordinaire habileté à provoquer le rire en même temps qu'il
remettait en question la politique athénienne.

## 1. LE CONTEXTE HISTORIQUE

L'Athènes d'Aristophane est d'abord celle de la
guerre du Péloponnèse (431-404), puis celle de la guerre
de Corinthe (395-386). En 388 av. J.-C., les Athéniens
se battent contre les Spartiates, espérant, comme leurs
alliés, Thébains, Corinthiens, Argiens, mettre en échec
leurs ennemis et ravir l'hégémonie qu'ils détenaient sur
terre et sur mer. Au début des opérations, les coalisés
bénéficièrent des subsides perses, étant donné que le
Grand Roi* voyait d'un mauvais œil la montée en puissance de Sparte en Grèce continentale, en Égée, mais
aussi en Asie. Alors que sur terre les Spartiates obtiennent quelques victoires, sur mer ils essuient une grande
défaite à Cnide, en 394[9], face à la flotte royale com-
mandée par Pharnabaze*, satrape de Phrygie, et par
Conon*, un Athénien en exil, ce qui les prive de l'hégémonie maritime. Grâce à l'amitié qui unit Pharnabaze
et Conon, les Athéniens retirent beaucoup de bénéfices
de cette victoire : en renversant les oligarchies pro-spar-
tiates, cités et îles égéennes se rapprochent d'Athènes.
En outre, Conon ramenait dans sa cité des fonds et des
navires, ce qui donnait une certaine assise aux préten-
tions athéniennes : formation d'une nouvelle ligue et
exercice de l'hégémonie. L'argent perse permet de pour-
suivre les travaux de réfection des fortifications (*Ploutos*,

---

est partagée par Dover, 1994, p. 2 n. 8 et par Dover et Arnott, 2000,
p. 508.
    9. Xénophon, *Helléniques*, 4, 3, 10-12.

178) et, pendant un temps, les Athéniens pensent être en mesure de jouer un rôle de premier plan en Égée[10].

Mais leurs ambitions ne sont pas non plus du goût du Grand Roi qui, en les privant de subsides (*Ploutos*, 170)[11], se rapproche à nouveau des Spartiates. Vers 390 av. J.-C., les Athéniens continuent de se battre sur terre (*Ploutos*, 173) et, grâce à la levée de l'*eisphora*[12] en 389, envoient Thrasybule* en Égée (*Ploutos*, 172). Le héros de la restauration démocratique de 403 prend le chemin des Détroits, conclut des alliances et réaffirme les positions athéniennes (*Ploutos*, 550)[13]. La réaction des Spartiates ne se fait pas attendre : disposant d'une nouvelle flotte, ils voguent vers les Détroits[14] et s'y installent, brisant les récents efforts athéniens ; par ailleurs, occupant Égine, ils s'attaquent à l'Attique (*Ploutos*, 174-177)[15].

---

10. Sur les ambitions athéniennes entre 396 et 386 et le rôle décisif joué en politique internationale par Conon et Thrasybule, voir Seager, 1967, pp. 95-115 ; Buck, 1998, pp. 100-118.

11. Cela correspond probablement au remaniement des satrapes qu'effectue le Grand Roi peu de temps après la bataille de Cnide. Sur ce point, voir Xénophon, *Helléniques*, 4, 8, 12-16 ; 5, 1, 6 ; 5, 1, 28.

12. Lysias, 28, *Contre Ergoclès*, 3 et 29, *Contre Philocrate*, 9. Sur l'*eisphora* à Athènes, voir Brun, 1983.

13. Xénophon, *Helléniques*, 4, 8, 25-31 ; Diodore, 14, 99, 4-5. C'est cette campagne qui aurait entamé la réputation de Thrasybule accusé d'avoir commis des exactions dans la région, d'où la comparaison entre lui et le tyran de Syracuse, *Ploutos*, 550. Malgré le succès de sa campagne égéenne, Thrasybule est assassiné à Aspendos, comme le soulignent Xénophon, *Helléniques*, 4, 8, 30-31, et Diodore, 14, 99, 4, 4. Agyrrhios de Collytos, élu stratège, prendra, par la suite, la direction de la campagne égéenne. Cf. Xénophon, *Helléniques*, 4, 8, 31. Sur ce personnage, voir Stroud, 1998, pp. 16-25.

14. Pour contrer les Spartiates, les Athéniens envoient Iphicrate dans les Détroits. Voir Xénophon, *Helléniques*, 4, 8, 34-39.

15. Sur ce point, voir Xénophon, *Helléniques*, 5, 1, 1-5. Depuis Égine, les Spartiates pouvaient facilement lancer des attaques sur l'Attique, comme l'a fait Gorgopas en 388 av. J.-C. (*Helléniques*, 5, 1, 9). En 387, depuis Égine, Téléutias lance un raid contre le Pirée (*Helléniques*, 5, 1, 13-24). Envoyé en mission dans l'île, le stratège

En 388, Athènes vit des moments d'incertitude et de désarroi qui rappellent les lendemains de la bataille d'Aigos Potamos, en 404. Sparte pouvait de nouveau bloquer la circulation des navires partant d'Athènes ou y arrivant[16], empêchant ainsi tout ravitaillement. Par ailleurs, bien que les Athéniens ne soient pas réduits à la misère, les finances privées et publiques sont fragilisées[17].

Il n'en reste pas moins que des individus jouissant d'une fortune ancienne furent ruinés[18] et que d'autres réussirent à s'en sortir[19]. Certains se sont enrichis parce qu'ils avaient le sens des affaires[20], d'autres parce qu'ils ont su profiter de la détresse de leurs concitoyens[21]. Parmi ces derniers, se trouvaient les spéculateurs, les hommes d'affaires, les fabricants ou les marchands d'armes[22], de

---

Pamphilos se fait prendre dans les filets spartiates : les Athéniens sont obligés de déployer de nouveaux moyens pour lui porter secours (*Helléniques*, 5, 1, 2 et 5, 1, 5).

16. Xénophon, *Helléniques*, 5, 1, 25 *sq*.

17. Sur ce point, voir les discussions chez Lévy, 1997, pp. 202-204.

18. Il suffit de penser à ceux qui, dans le cadre de la ligue de Délos, avaient investi dans l'achat de terres dans les cités dominées par Athènes et qui en on été privés dès l'échec d'Aigos Potamos. Voir aussi, pour d'autres pertes de revenus, Thucydide, 7, 24,5 ; Xénophon, *Mémorables*, 2, 7, 2.

19. On pensera, par exemple au fils de Cléon qui dispose au IVᵉ siècle de revenus suffisants pour prendre en charge des liturgies. La même observation est valable pour la famille de Nicias, fils de Nicératos. Voir Davies, 1984, p. 22.

20. Par exemple Képhalos de Collytos (scholie à *Assemblée des Femmes*, 253) ; Nausikydès de Cholargos, *APF* 8443 ; Antisthène de Kytherros, *APF* 1194.

21. Ces individus étaient accusés de toucher des pots de vin et de voler les biens publics, s'opposant donc à la répartition équitable de la richesse. Par ailleurs, leurs actions poussaient les honnêtes gens à payer davantage de taxes pour combler les pertes. Sur ce point, voir *Ploutos*, 174 *sq*. ; Lysias, 27, *Contre Épicratès*, 9-10 et 28, *Contre Ergoclès*, 6-7 ; Platon, *Gorgias*, 525d-526b.

22. Cf. Xénophon, *Économique*, 1, 15 ; Lysias, 27, *Contre Épicratès*, 9-10. Sur la question, voir Davies, 1984, pp. 38-72.

blé[23], mais aussi des orateurs, des sycophantes et surtout ceux qui exerçaient un rôle politique soumis à la reddition de comptes – et en premier lieu les stratèges[24].

C'est dans ce contexte que, au début du IVe siècle, Aristophane met en scène les effets pervers de la course effrénée au profit[25] qui creuse des écarts entre les riches et les pauvres et affaiblit le corps civique, quand il devait être uni face à l'adversité[26].

## 2. L'INTRIGUE DU *PLOUTOS*

L'action du *Ploutos* se passe en Attique, même si, dans cette pièce, le nom d'Athènes ou des Athéniens n'est jamais prononcé. Chrémyle[27], un Athénien, accompagné de son esclave Carion, rentre de Delphes où il s'est rendu pour interroger Apollon sur l'avenir de son fils : doit-il travailler, comme son père, et vivre pauvrement ou imiter les vauriens qui s'enrichissent ? Éludant

---

23. Lysias, 22, *Contre les marchands de blé*, 14-15. Voir aussi Xénophon, *Mémorables*, 2, 7, 6. Cf. David, 1986, pp. 18-19.

24. Lysias, 27, *Contre Épicratès*, 3 ; 4-7. Voir aussi Davies, 1984, p. 67 ; Taylor, I, 2001, pp. 53-66 ; II, 2001, pp. 154-172.

25. Xénophon, dans l'*Économique* et les *Mémorables* aborde certains des problèmes évoqués par le poète. Cependant, c'est dans les plaidoyers de Lysias que l'on retrouve des correspondances assez troublantes entre le discours comique et le discours politique. Lysias, 27, *Contre Épicratès*, 10-11 ; Lysias, 28, *Contre Ergoclès*, 6 et 14 ; *Contre Philocratès*, 4 ; 31, *Contre Philon*, 18.

26. Voir aussi Isocrate, 15, *Sur l'échange*, 154-160.

27. Comme on peut le constater, le protagoniste porte un nom parlant. Selon l'*Argument* VII Cantarella = V Deubner (cf. Cantarella V, 1964, pp. 400-401), que Coulon ne retient pas dans son édition du *Ploutos*, Chrémyle serait forgé à partir de *chreos*, dette, et *haimullô*, utilisé dans le sens d'*apatô*, « je trompe » ; Chrémyle serait donc celui qui trompe les créditeurs à cause de sa pauvreté. Cependant, dans ce nom les Athéniens pouvaient aussi entendre *chrêma*, argent et, peut-être, *mylos*, meunier.

la question, le dieu lui enjoint de suivre la première personne qu'il trouvera sur son chemin : celle-ci mettra fin à tous ses ennuis. Obéissant aux injonctions d'Apollon, maître et esclave suivent un vieillard couvert de haillons, crasseux, édenté et aveugle qui n'est autre que Ploutos, le dieu de la richesse. Sa condition lamentable s'explique aisément : chaque fois qu'il pénètre dans une maison, ceux qu'il a rendus riches le malmènent en dilapidant les biens dont il les a comblés. Et tout cela est l'œuvre de Zeus qui, jaloux des hommes, l'a aveuglé pour qu'il ne puisse pas choisir entre les justes et les injustes. Il s'ensuit, de façon bien fâcheuse, que la richesse bénéficie davantage aux gredins et aux vauriens qu'aux honnêtes gens qui en sont privés.

Comprenant alors la cause de leurs maux, Chrémyle décide de conduire Ploutos au sanctuaire d'Asclépios pour que le fils d'Apollon le guérisse. Alors qu'il est sur le point de mettre son plan en action, avec l'aide de son ami Blépsidème et des paysans de son dème, *Penia* – la Pauvreté – fait irruption pour les menacer. Redonner la vue à Ploutos signifie la chasser de la terre. Malgré la défense qu'elle présente des mérites d'une vie de pauvreté, Chrémyle et ses amis sont certains qu'il vaut mieux avoir Ploutos de leur côté, puisque l'argent est le maître du monde.

*Penia* renvoyée, la petite troupe conduit Ploutos à l'*Asclepieion*. Une fois guéri, Ploutos répand ses biens un peu partout. Un attroupement se forme devant la maison de Chrémyle. Certains s'y rendent pour remercier et honorer Ploutos de ses bienfaits (des anonymes, le Juste, le Jeune homme). Des mécontents s'y présentent aussi : ils viennent demander des comptes au dieu qui les a privés de certains avantages (le Sycophante, la Vieille femme). Même les dieux dépêchent Hermès chez l'Athénien pour menacer les hommes. Mais ces derniers ne veulent plus entendre parler de Zeus et des dieux qui, quand ils étaient pauvres, ne leur furent d'aucune utilité.

C'est ainsi que même le prêtre de Zeus Sôter se meurt de faim et vient chercher une solution à ses problèmes chez Chrémyle.

Comme les humains ne sont pas prêts à revenir à leur situation antérieure, Hermès décide de s'allier à eux et de tirer bénéfice de leur richesse, en mangeant à sa faim et en organisant des concours musicaux et gymniques. Quant à l'ancien prêtre de Zeus, il servira Ploutos, leur nouveau Zeus Sôter. Chrémyle n'a plus qu'à organiser une procession pour installer le dieu sur l'Acropole. Après avoir veillé à combler de biens les particuliers, Ploutos veillera sur Athènes, étant à la fois le dieu et le trésor de la cité.

### 3. La richesse au théâtre

Aristophane n'a pas été le premier poète à faire de l'abondance et de la richesse des sujets d'intrigue. Royaume des désirs et des plaisirs assouvis, la comédie donne à voir un monde nouveau, régénéré par la création, par l'enthousiasme dionysiaque qui habite l'esprit des poètes. Comme le souligne Athénée, dans les *Deipnosophistes*, plusieurs comédies anciennes mettaient en scène l'âge d'or, l'*automatos bios* ou le pays de Cocagne, qui se situerait dans les airs, sous la mer et sous terre[28].

Dans ces comédies, où l'abondance et *ploutos* règnent en souverains, les fleuves charrient du bouillon

---

28. Voici quelques exemples : Cratès, *Bêtes*, fr. 16 K.-A. ; Télécleidès, *Amphictyons*, fr. 1 K.-A. ; Métagène, *Thouriopersai*, fr. 6 K.-A. ; Phérécrate, *Crapataloi*, fr. 87 K.-A. ; *Mineurs*, fr. 113 K.-A. ; Archippos, *Poissons*, fr. 23 K.-A. ; Nicophon, *Sirènes*, fr. 21 et 22 K.-A. ; Aristophane, *Rôtisseuses*, fr. 504 K.-A. ; fr. 520 K.-A. Pour le titre suggestif, voir Eupolis, *L'âge d'or* (*PCG* V, 471-484) ; Phrynichos, *Cronos* (*PCG* VIII, 399-401). Sur la question, voir Carrière, 1979, pp. 88-91 ; Auger, 1979, pp. 71-101 ; Lanza, 1997, pp. 112-115 ; Farioli, 2001, pp. 27-137.

à la viande ou du vin parfumé, les pluies répandent sur
la terre du pain sorti du four, les poissons sautent de la
poêle au gosier, les grappes se penchent sur la bouche
des hommes, qui, désormais, ont l'haleine parfumée à la
mauve. Ces mondes merveilleux remplissent souvent les
rêves des ventres vides, de ceux qui connaissent la pauvreté ou la pénurie.

Dans le *Ploutos*, Aristophane, lui aussi, exploite le
«mythe» de l'âge d'or. A-t-il été influencé par ses contemporains? Certainement. Cependant, il ajoute un élément
qui fait défaut dans les fragments comiques associés
à l'âge d'or ou au pays de Cocagne. En effet, à côté de
l'abondance des fruits de la terre, de la génération spon-
tanée de tous les biens, le poète introduit les biens maté-
riels, l'argent[29]. Par ailleurs, l'action de la pièce n'est pas
placée dans un ailleurs merveilleux, comme chez Phérécrate ou Métagène, mais dans une Athènes remplie de
gueux. Peu à peu, sous la protection de Ploutos, la cité va
se transformer en un pays de Cocagne où tous les biens
affluent automatiquement.

Dans cette pièce, on le voit, Aristophane, s'intéresse
aux rapports sociaux entre les citoyens, faisant de l'argent ou de l'appât du gain la cause de la rupture du contrat
social. Mais le problème n'est pas tant les finances privées que les finances publiques qui sont détournées de
leur but premier, au profit de ceux qui ont la possibilité de les manipuler et, du même coup, de manipuler
le *dèmos*. La stabilité et le salut de la cité comique sont
ébranlés par une question économique qui, tout en ayant
des allures privées, relève clairement des dysfonctionne-
ments politiques. Rétablir, restaurer les finances privées
et publiques revient à sauver le politique, soin qu'Aristophane confie à Ploutos.

Le *Ploutos* n'est pas une comédie où le poète à tra-

---

29. Sur l'argent dans les pays de Cocagne, voir Lanza, 1997,
pp. 114-115.

vers ses personnages désigne nommément un responsable de la situation difficile dans laquelle se retrouve
la cité : tous ont leur part dans les malheurs présents,
les magistrats ou les simples citoyens, les riches mais
aussi les démunis. Ces derniers ne manquent pas seulement d'argent, ils manquent aussi d'initiative. Ils sont
incapables d'élaborer un plan pour améliorer leur situation, pour transformer la réalité. Il faut qu'Apollon s'en
mêle pour qu'ils découvrent une issue ou un moyen de
briser la polarité irréconciliable dans laquelle ils se sont
enfermés : riches et malhonnêtes, d'un côté, pauvres
et honnêtes, de l'autre. En leur offrant la possibilité de
s'emparer de Ploutos, Apollon les réveille à eux-mêmes,
puisque ils se rendent compte, enfin, qu'ils sont les victimes d'une force qui les dépasse, Zeus.

Aristophane arrache donc les spectateurs à leur quotidien pour les transporter dans un temps où les hommes
frayaient avec les dieux, où Ploutos était jeune et avait
bonne vue. En aveuglant Ploutos, nouveau Prométhée,
Zeus a ravi aux hommes leur vie, c'est-à-dire, la richesse,
*ploutos*[30]. Cette réflexion comique et cosmique, qui fait
de la richesse le pivot de la séparation entre hommes et
dieux est on ne peut plus drôle. Par ailleurs, aveugle,
Ploutos pénètre, sans le savoir, uniquement chez les
méchants. Chaque fois qu'il se rend chez quelqu'un, il
est lui aussi puni parce que son corps, comme celui de
Prométhée, s'affaiblit, se détériore, tant sont mauvais les
traitements auxquels l'exposent les riches. La trouvaille
d'Aristophane est très savoureuse étant donné que les
pauvres ou les justes seraient prêts à tout pour s'emparer
de la richesse, comme le souligne Chrémyle. Si l'homme

---

30. *Ploutos*, 87. Pour le *phthonos* de Zeus à l'égard des hommes,
voir Hésiode, *Travaux et Jours*, 42-105. Prométhée, comme le souligne
Hésiode, en prenant le parti des hommes, les sauve de la destruction
programmée par Zeus. Par la suite, il devra subir le châtiment imposé
par Zeus. Sur ce châtiment, voir Eschyle, *Prométhée enchaîné*.

devait choisir entre sa famille et l'argent, il n'hésiterait
pas un seul instant, souligne le poète, puisque la richesse
est le moteur de l'action de l'homme, du progrès comme
du déclin.

Cocasse aussi est la transformation qu'Aristophane
impose à l'image traditionnelle de Ploutos, le dieu dis-
pensateur de richesses. Les Athéniens honoraient Ploutos
aux côtés de Déméter et de Korè à Éleusis[31]; certains
considèrent même que c'est à l'épiphanie de Ploutos que
les mystes assistaient lors de la dernière étape de leur
initiation, au moment de la «vision», l'époptie. Quoi
qu'il en soit, associé aux dons de Déméter – la culture
céréalière –, le jeune enfant Ploutos ou l'adolescent, dont
les peintres et sculpteurs aimaient à reproduire les traits
dans leurs œuvres, portait toujours une corne d'abondance ou des tiges de blé[32]. Aristophane, quant à lui, le
présente comme un vieillard crasseux, édenté, aveugle
et couard[33]. Une telle transformation est probablement
le résultat d'un amalgame entre le jeune dieu et Plouton,
le seigneur des Enfers, que l'on honorait comme dispen-
sateur des richesses provenant du sous-sol (agraires et
minières)[34], et qui, lui aussi, jouait un rôle important

---

31. *Hymne homérique à Déméter*, 486-489, voir aussi,
*Thesmophories*, 295. Les rapports entre Ploutos et les déesses d'Éleusis
sont aussi soulignés par un poème des *Carm. Conv.* 2 *PMG*. Sur la
question, voir Torchio, 2002, pp. 24-28; Sommerstein, 2001, pp. 5-
8; Fiorentini, 2006, particulièrement pp. 154-155. Pour le recueil et
l'étude des sources concernant Ploutos, voir aussi Hübner, 1914 et
Zwicker, 1951

32. Clinton, 1992, pp. 49-51; Stafford, 2000, pp. 180-181. Voir
aussi Parker, 2005, pp. 337-340; p. 358 *sq*.

33. Voir respectivement, *Ploutos*, 13 (*anthropou tuphlou*; au v.
115, cependant, Chrémyle définit la maladie de Ploutos comme une
*ophthalmia*); 80 (*houtôs athiôs diakeimenos*); 84 (*auchmôn*); 266
(*rhupônta kuphon athlion rhuson madônta nodon*); 123 (*o deilotate
pantôn daimonôn*). Sur Ploutos, dans la comédie, voir Newiger, 1957,
pp. 165-173; Fiorentini, 2006, pp. 143-165.

34. La confusion entre Pluton et Ploutos qui apparaît dans *Ploutos*,

dans les Mystères d'Éleusis. Souvent représenté, selon les spécialistes, comme un vieillard austère, à la barbe et aux cheveux blancs, Plouton portait également une corne d'abondance[35].

À cet aspect bienfaisant de Ploutos, certains opposent une autre version du mythe qui fait de lui le fils de Tychè, la Fortune ou le Hasard, et qui le rend responsable de tous les malheurs de l'homme[36]. C'est vraisemblablement sur ce courant populaire que vint se greffer la première description littéraire du physique et de la nature intime de Ploutos, *tuphlos*, aveugle et *deilos*, lâche[37]. Si Hipponax a été le premier à véhiculer cette image du dieu à l'époque archaïque, celle-ci se développe au $V^e$ siècle, dans la poésie de Timocréon de Rhodes[38], et dans la tragédie, où le dieu se confond parfois avec la richesse matérielle, désignée par les termes *ploutos* ou *olbos*[39].

Enfin, la figure même de Ploutos était composite. Il devait rappeler Thersite, que le poète de l'*Iliade* (II, 216-219) décrivait comme le plus laid des Achéens s'étant rendus à Troie, ou les héros tragiques comme Téléphe, Philoctète, Oenée, Phinée, des malheureux, parfois aveugles, dépossédés, toujours en guenilles, sortis tout droit de l'imagination flamboyante d'Euripide qu'Aristophane

---

727, était déjà présente dans l'*Inachos* de Sophocle, fr. 273 et fr. 283 Radt.

35. Clinton, 1992, p. 105 [hydrie provenant de Nola : *CVA*, British Museum VI (1931), E 183 (tav. 84, 2 c)], *ARV*2, p. 115 ; *LIMC* Hades, 39 ; amphore à figures rouges provenant de Trachônes, coll. Geroulanos, 343 = ARV 2, p. 1154, 38 bis= *LIMC* Hadès 39.

36. Voir, par exemple, Ésope, *Fable*, 130.

37. Fr. 36 $W^2$. Voir aussi Théognis, I, 315.

38. *PMG* 731.

39. Euripide, *Phaéton*, fr. 773 Kn. = 3 J.-VL ; *Éole*, fr. 20 Kn. = 5 J.-VL. ; *Alexandre*, fr. 55 Kn. = 17 J.-VL. ; *Phéniciennes*, 597. Sur l'utilisation de Ploutos (le dieu) par *ploutos* (la richesse), voir Sommerstein, 2001, p. 8.

s'amusait à réutiliser sur la scène comique. À partir de
la description que Carion donne de Ploutos, on est en
droit de supposer que son masque et son accoutrement
étaient à la fois hideux et risibles, et qu'il ressemblait à
un gueux.

Synthèse des idées que les anciens se faisaient de la
richesse et des riches[40], le dieu est sale, sordide, aveugle[41].
En transformant leur corps en repoussoir, les riches espè-
rent préserver leur fortune : par peur de la partager, ils se
cachent derrière le masque de la pauvreté. Il n'est donc
pas étonnant que Ploutos soit désigné comme un couard,
les riches tremblant toujours pour leurs biens et tentant
par tous les moyens de dérober leur fortune aux regards
étrangers, en réalisant certains de leurs biens et en les
confiant aux banquiers, en transformant leur fortune
visible en *aphanès ousia*, en biens invisibles, impossi-
bles donc à contrôler[42]. Cette richesse qui se dérobe aux
regards peut aussi expliquer la cécité du dieu.

### 4. RIRE DE LA PAUVRETÉ

Le *Ploutos* d'Aristophane pose le problème de la
richesse, de sa distribution, mais également de son sens
et, par conséquent de son manque, de la pauvreté et de
l'indigence. La richesse est perçue comme le suprême
bien, puisque ceux qui la détiennent sont libérés du travail, des fatigues et des tracas quotidiens. D'une certaine
façon, ils sont assimilés aux dieux qui vivent dans la joie
et l'allégresse sans être frappées par d'autre souci que
celui de préserver leurs biens. Ils sont souvent ceux qui

---

40. Komornicka, 1964, p.127.

41. Il est sale et sordide parce que les riches sont avares, mais aussi
parce que les riches manient l'argent sale. Voir *Ploutos*, 590-591. Sur ce
point, Komornicka, 1964, p. 127 ; Newiger, 1957, p. 169 ; Olson, 1990,
p. 225. Sur ces vêtements, voir Stone, 1981, p. 365.

42. Cf. Gabrielsen, 1986, pp. 99-114 ; Cox, 1998, p. 169.

ont part aux honneurs *(timai)*, qui font preuve de vertus viriles *(andragathias)*, d'ambition *(philotimia)*, qui assument des commandements militaires *(strategias)*[43].

En revanche, être pauvre, c'est peiner quotidiennement à la tâche, c'est toujours épargner, n'avoir aucun superflu, sans toutefois manquer du nécessaire[44]. Certains personnages du *Ploutos* sont de pauvres agriculteurs, *palaiporoumenous*, peinant dur, et, à l'image de Chrémyle, s'astreignant à épargner et à dépenser avec mesure[45]. Cependant, d'autres, comme Blépsidème, si l'on en croit son nom, appartiennent à une troisième catégorie, celle des indigents ou des mendiants, qui vivent sans rien avoir[46].

Par la voix de Chrémyle et surtout de Pénia, Aristophane brise la polarité riches-pauvres, en insérant dans la hiérarchie sociale fondée sur l'argent la catégorie des laissés pour compte. En ajoutant le dépouillement à celle échelle de valeurs qui va du peu au superflu, le poète peut dramatiser l'idée que ses contemporains se faisaient de la justice ou de la piété. Dans le *Ploutos*, celles-ci apparaissent comme la vertu des pauvres qui, coincés entre deux extrêmes, suivent la voie de la *mésotès*. L'injustice naît donc du superflu ou du manque : l'appât du gain est souvent le mobile des crimes des nantis, la nécessité, de ceux des mendiants. Pourtant, ces derniers s'ils ne sont pas excusables, suscitent la piété puisqu'il en va de leur survie. Les écarts entre les riches et les pauvres peuvent, au bout du compte, déboucher sur des conflits comme la *stasis*, la guerre civile. Seule la redistribution des richesses librement consentie par les citoyens peut mettre un frein à cet état de choses où les plus démunis sont instrumentalisés par les nantis.

---

43. Voir *Ploutos*, 191-192.
44. *Ibid.*, 553-554.
45. *Ibid.*, 247-248.
46. *Ibid.*, 552.

Au V$^e$ siècle et au début du IV$^e$ siècle, dans la cité athénienne, la redistribution de la richesse se faisait selon le système des liturgies, des contributions volontaires ou des impôts extraordinaires. Les riches se chargeaient de la triérarchie, des chorégies, des gymnasiarchies, tandis que les pauvres tiraient profit de certaines de ces largesses. En échange, ils accordaient à ce qu'on appelle la «classe liturgique» des honneurs et des suffrages. Dans le *Ploutos*, cependant, tout se passe comme si la redistribution des richesses connaissait un temps d'arrêt, dans une cité qui serait privée de la *charis*.

Comment se comportent les riches ? Dans la première partie de la pièce, ils sont en dehors du cercle dramatique, bien qu'étant constamment évoqués, que ce soit par Ploutos ou par les autres personnages. Les uns cachent leur argent pour ne pas participer à la redistribution, qui est un des piliers de la démocratie athénienne, d'autres le dilapident avec des courtisanes ou de jolis garçons. D'autres encore, qui occupent des magistratures importantes, volent au peuple le peu dont il dispose. Aussi, au lieu d'être honorés, ils sont accusés, condamnés à séjourner en prison jusqu'à ce qu'ils épongent les dettes qu'ils ont contractées à l'égard de la cité. Quant aux pauvres, ils s'intéressent à leurs affaires, aux indemnités publiques, bref, ne songent qu'à augmenter le peu dont ils disposent. Tout ce passe donc comme si les personnages du *Ploutos* étaient des spectateurs de leur propre misère: il n'est donc pas étonnant que seul un dieu puisse leur venir en aide.

Dans la seconde partie de la pièce, ceux qui étaient riches quand Ploutos était aveugle sont presque toujours éloignés du cercle comique. En effet, seule la vieille femme amoureuse traîne avec elle, comme ses rides, sa richesse passée. La guérison de Ploutos va apporter à tous la richesse. D'une certaine façon, Athènes devient le pays des *Plousioi* où les uns jouent avec des pièces d'or, tandis que d'autres s'adonnent aux plaisirs des

concours musicaux et dramatiques. Comme Hestia,
Ploutos garantit leur stabilité, trônant en souverain sur
l'Acropole, dans le temple de la déesse poliade.

Aristophane donne à voir le triomphe de Ploutos qui
est surtout celui du public athénien qui, au théâtre de
Dionysos, rit de sa propre pauvreté, tandis que, grâce à
la parole poétique, ses yeux se remplissent du spectacle
éphémère de la richesse et de l'abondance.

## 5. LA DESTINÉE DU PLOUTOS

Le *Ploutos* d'Aristophane figure, au même titre que
les *Nuées* et les *Grenouilles* dans plus de trois cents
manuscrits. Comme le soulignent Cl. N. Fernández[47] et
M. C. Torchio[48], cette pièce a connu un franc succès non
seulement à cette période, mais également à l'époque
byzantine, et aussi à l'époque médiévale où elle devient
une œuvre d'école[49]. Son succès se maintient également
à la Renaissance où elle fait l'objet de nombreuses traductions. L'engouement pour le *Ploutos* ne se tarit pas
jusqu'au XVIIIe siècle. En France, la pièce est l'objet non
seulement de traductions mais d'adaptations musicales
ou dramatiques[50]. Selon M. C. Torchio, ce succès s'expli-

---

47. 2002, pp. 28-31.

48. 2001, pp. 43-45.

49. À vrai dire, la pièce devait connaître un franc succès dans
l'Antiquité. Ainsi, le *Ploutos* est-il, par exemple, à l'arrière-plan de
l'opuscule de Lucien de Samosate, *Timon ou la Fortune*.

50. Adaptations, traductions, mises en scène et études. Ballets de
Beauchant, Desmantis et Colasse, 1682, 1690 ; *Plutus*, traduction de
Madame de Dacier, 1692 ; traduction attribuée à Pierre de Ronsard ; *Le
triomphe de Plutus*, Marivaux ; *Plutus*, comédie de Marc Antoine Le
Grand, 1720 ; Brumoy, *Plutus*, comédie en trois actes, 1741 ; *Les Muses
grecques*, traduction en vers français du *Plutus* d'Aristophane par
Poinsinet de Sivry, 1771 ; *Plutus ou l'Égale répartition de la richesse*,
traduction d'Amédée Fleury, 1851 ; *Plutus*, adaptation d'Aristophane,
musique de Xavier Leroux, Odéon, 17 décembre 1896. Voir aussi

querait par le sujet de l'intrigue bâtie par Aristophane, la juste distribution de la richesse détachée d'un contexte politique précis.

Cependant, au XIXᵉ siècle, l'intérêt des spécialistes pour cette œuvre décline. Malgré les nombreux commentaires qu'elle suscite, les chercheurs du XIXᵉ siècle, mais aussi d'une partie du XXᵉ siècle, sans l'ignorer complètement, considèrent le *Ploutos* comme une comédie mal construite ou tout simplement pleine de maladresses[51]. Puisqu'il s'agit de la dernière pièce qu'Aristophane aurait mise en scène en son propre nom, certains spécialistes ont voulu voir dans le *Ploutos* l'œuvre d'un poète vieillissant, découragé, qui n'était pas à la hauteur de son génie passé[52]. Un des grands spécialistes d'Aristophane n'hésitait pas à suggérer que le poète aurait été victime d'une attaque, ce qui pourrait expliquer les faiblesses de la pièce[53]. D'autres y décèlent des problèmes structurels, des incohérences, un tarissement de la verve comique[54].

Ce n'est que récemment qu'un renouveau d'intérêt

---

Le Beau, *Mémoires sur le Plutus d'Aristophane et sur les caractères assignés par les Grecs à la comédie moyenne*, 1764.

51. Sur ce point, voir Wilamowitz, 1927, p. 220 ; Norwood, 1931 ; Murray, 1933, p. 199 ; p. 210 ; Sommerstein, 1984, p. 314 ; Konstan et Dillon, 1981, p. 371.

52. Cf. Cantarella, 1970, pp. 347-354. Selon lui, en confiant ses dernières œuvres à son fils pour qu'il les mette en scène, Aristophane renonçait de fait à leur paternité et reconnaissait être un « survivant ; dans l'Athènes de ces années-là, il n'y avait plus de place pour lui » (p. 354).

53. Dover, 1972, p. 195 n. 7, qui critique aussi le v. 159 comme moralisateur et l'humour sans sophistication des vv. 1095-1096 et 1204-1207.

54. Voir aussi McLeish, 1980, p. 156 ; Groton, 1990, pp. 16-22. Russo, 1962, p. 355, sans dévaloriser le *Ploutos*, considère que le poète, préoccupé de l'alternance des deux premiers acteurs ou du jeu sur la dualité dans cette pièce, ne s'est pas soucié du développement ou de la progression de la structure de l'action.

s'est fait sentir: entre 2001 et 2002, le *Ploutos* a fait
l'objet de trois commentaires remarquables, et les spécialistes se lancent désormais dans une vaste campagne
de réhabilitation[55]. Tout en fournissant des analyses phi-
lologiques approfondies du *Ploutos*, les contemporains
s'intéressent aussi au contexte dans lequel la pièce a été
produite, à la réception ou à l'impact qu'elle aurait eus
en 388 av. J.-C.[56].

La théâtralité du *Ploutos* est apparemment simple ou
primitive. Le poète aurait réduit l'emploi d'accessoires
au strict minimum, ce qui soulignerait le dénuement
dans lequel vivaient les personnages qu'il met en scène
et l'image de la pauvreté, avant de donner à voir le spectacle éblouissant de la richesse. En effet, l'épiphanie de
Ploutos produit un changement de masques et de cos-
tumes, les siens et ceux des Athéniens enrichis, éléments
qu'on ne souligne pas assez quand on stigmatise la sim-
plicité de la pièce. Outre l'élaboration méticuleuse des
personnages, la richesse du théâtre d'Aristophane est
aussi dans son rythme, dans le mélange de tons et de
plans, dans le télescopage entre tradition et innovation,
entre parole et musique, entre parodie et intertextualité.
Le *Ploutos* n'est pas l'œuvre d'un vieillard fatigué, ni
d'un poète qui a perdu son inspiration. Dans une seule
comédie, il donne à son public un aperçu du programme
des concours en l'honneur de Dionysos: dithyrambe, tragédie, comédie. N'en déplaise aux passéistes, le *Ploutos*
est une comédie flamboyante où Aristophane s'amuse et
amuse son public en traitant une question souvent tabou
dans de nombreuses sociétés, celle de l'argent, du pouvoir et de ses masques.

Le *Ploutos* serait une sorte de conte de fées, un rêve
d'abondance qui tourne autour de la distribution de la

---

55. Sur ce point, McGlew, 2002, p. 175. Voir aussi Dillon et
Konstan, 1981, pp. 371-383 et aussi Olson, 1990, pp. 223-224.

56. Cf. voir particulièrement Olson, 1990 et McGlew, 2002.

richesse. Mais comment comprendre ce rêve? Les uns soutiennent que le poète présente à son public une pièce de pure évasion, d'autres que cette utopie est empreinte d'ironie: la richesse ne serait qu'un rêve inaccessible.

Profonde réflexion sur la situation économique et sociale d'Athènes, le *Ploutos*, un peu à la manière du théâtre de l'absurde, invite les spectateurs à réfléchir sur leur quotidien et sur leur avenir. Aristophane n'invite pas les citoyens à prendre le parti de Pénia, ni celui de Ploutos, ni à considérer qu'il s'agit d'énergies, *dynameis*, incompatibles. Au contraire, il les pousse à réfléchir sur les difficultés de la cité qui sont économiques et politiques. La bonne répartition de la richesse doit être communautaire, elle doit bénéficier à tous les individus sans exception. L'argent et surtout sa gestion, c'est-à-dire son partage, doit être la préoccupation de tous. Quelle est donc la politique que la cité doit adopter ou quelle est la politique que les individus doivent favoriser? Entre les deux extrêmes que sont la tranquillité (*hesychia*) et l'activisme ou l'affairisme politiques *(polypragmosynè)*, il existe une voie du milieu, celle qui prône l'engagement, le volontariat tourné vers les intérêts collectifs. Le *Ploutos* suggère aux hommes d'établir des rapports sociaux selon les principes de la bonne réciprocité, où chacun trouve son compte. La cité n'est pas un ensemble formé par des groupes distincts, les riches et les pauvres qui s'affrontent constamment; les riches ne sont pas tous méchants, et les pauvres ne sont pas tous honnêtes.

Alors qu'Athènes vit des moments de grande instabilité, attirée à l'extérieur dans les opérations militaires de la guerre de Corinthe, souffrant de la pression des Spartiates qui la menacent depuis Égine et aussi dans la zone des Détroits, ballottée par les procès politiques des stratèges, confrontée aux tensions entre les citoyens, Aristophane met en scène une fantaisie et invite les citoyens à réfléchir sur le véritable sens de l'argent. Cette comédie matérialiste est hautement subversive – l'argent ou la richesse est à la fois divinité, loi, *politeia*.

Le poète ne propose aucune solution à la cité, si ce n'est celle de veiller à préserver l'harmonie qui passe par l'effort commun, sans haines et sans préjugés, à promouvoir la véritable autonomie, c'est-à-dire à se libérer de la dépendance à l'égard de l'argent barbare, à restaurer son propre trésor, en cessant de compter sur d'hypothétiques revenus, et à retrouver sa grandeur et sa vraie richesse, celle de la terre d'accueil qu'elle a toujours été, celle de l'Athènes de l'auguste Pallas.

# PLOUTOS

# ΠΛΟΥΤΟΣ

---

**ΚΑΡΙΩΝ**

Ὡς ἀργαλέον πρᾶγμ' ἐστίν, ὦ Ζεῦ καὶ θεοί,
δοῦλον γενέσθαι παραφρονοῦντος δεσπότου.
Ἢν γὰρ τὰ βέλτισθ' ὁ θεράπων λέξας τύχῃ,
δόξῃ δὲ μὴ δρᾶν ταῦτα τῷ κεκτημένῳ,
μετέχειν ἀνάγκη τὸν θεράποντα τῶν κακῶν.          5
Τοῦ σώματος γὰρ οὐκ ἐᾷ τὸν κύριον
κρατεῖν ὁ δαίμων, ἀλλὰ τὸν ἐωνημένον.
Καὶ ταῦτα μὲν δὴ ταῦτα· τῷ δὲ Λοξίᾳ,
ὃς θεσπιῳδεῖ τρίποδος ἐκ χρυσηλάτου,
μέμψιν δικαίαν μέμφομαι ταύτην, ὅτι          10
ἰατρὸς ὢν καὶ μάντις, ὥς φασιν, σοφὸς
μελαγχολῶντ' ἀπέπεμψέ μου τὸν δεσπότην,
ὅστις ἀκολουθεῖ κατόπιν ἀνθρώπου τυφλοῦ,
τοὐναντίον δρῶν ἢ προσῆκ' αὐτῷ ποεῖν.

---

1. Juridiquement parlant, Carion est un esclave-marchandise, *doulos*. Toute sa personne est soumise à la volonté d'un maître qui a droit de vie et de mort sur lui.

2. Apollon. Loxias, « oblique », est une épithète utilisée souvent par les poètes pour indiquer le caractère ambigu, de biais, des oracles.

3. À vrai dire, c'était la Pythie qui, assise sur le trépied apollinien, vaticinait. Rau, 1967, p. 161, suggérait un rapprochement entre ces vers et Euripide, *Iphigénie en Tauride*, 976.

4. Allusion à Euripide (408 av. J.-C.), *Oreste*, 285 où le personnage adresse des reproches à Apollon. Dieu purificateur par excellence, Apollon est associé à la médecine ; Zeus lui avait également accordé le don de transmettre aux hommes sa volonté par le biais de la divination.

5. Il s'agit de Ploutos, dieu de la richesse, qui sera nommé pour la première fois au v. 78. Aristophane dramatise dans cette comédie la

# PLOUTOS

*L'Orchestra représente une place publique ; au fond la maison de Chrémyle. Par la parodos gauche, venant de l'étranger, entre un vieillard aveugle, aux vêtements sordides (v. 84), qui marche à tâtons et en trébuchant (v. 121). Il est suivi de Chrémyle et de son esclave Carion, tous deux revenus de voyage et couronnés de lauriers (v. 21); Carion porte en outre une petite marmite (v. 226).*

CARION.– Quelle pénible chose c'est, ô Zeus et tous les dieux, de devenir esclave d'un maître hors de son bon sens ! Se trouve-t-il que le serviteur ait donné les meilleurs conseils, et qu'il ait plu à son possesseur de ne pas les suivre, fatalement le serviteur aura sa part des maux. De sa propre personne le destin ne souffre pas qu'il dispose souverainement[1] ; elle est à qui l'a acheté. Enfin les choses sont ainsi ; mais ce Loxias[2],

Qui du haut d'un trépied d'or ouvré vaticine[3],

Je lui fais ce juste reproche que, étant médecin et devin[4], à ce qu'on dit, habile, il a renvoyé mon maître détraqué. Le voilà qui marche derrière un homme aveugle[5], faisant le contraire de ce qu'il conviendrait de faire. Car c'est

cécité du dieu, responsable de la mauvaise distribution de la richesse, une idée exprimée pour la première fois par Hipponax, 36 W[2], puis Timocréon de Rhodes, *PMG* 731. Au Ve siècle, Euripide, *Phaéton*, fr. 773 Kn. = 3 J.-VL., affirme qu'*olbos*, la prospérité, est également aveugle. Sur Ploutos, voir Newiger, 1957, pp. 165-173 ; sur sa cécité voir aussi Dover, 1975, p. 110 ; Olson, 1990, p. 226 *sq.* ; Silk, 2000, p. 25.

Οἱ γὰρ βλέποντες τοῖς τυφλοῖς ἡγούμεθα,                    15
οὗτος δ' ἀκολουθεῖ, κἀμὲ προσβιάζεται,
καὶ ταῦτ' ἀποκρινόμενος τὸ παράπαν οὐδὲ γρῦ.
Ἐγὼ μὲν οὖν οὐκ ἔσθ' ὅπως σιγήσομαι,
ἢν μὴ φράσῃς ὅ τι τῷδ' ἀκολουθοῦμέν ποτε,
ὦ δέσποτ', ἀλλά σοι παρέξω πράγματα.                       20
Οὐ γάρ με τυπτήσεις στέφανον ἔχοντά γε.

**ΧΡΕΜΥΛΟΣ**

Μὰ Δί' ἀλλ' ἀφελὼν τὸν στέφανον, ἢν λυπῇς τί με,
ἵνα μᾶλλον ἀλγῇς.

ΚΑ.                     Λῆρος· οὐ γὰρ παύσομαι
πρὶν ἂν φράσῃς μοι τίς ποτ' ἐστὶν οὑτοσί.
Εὔνους γὰρ ὢν σοι πυνθάνομαι πάνυ σφόδρα.                  25

ΧΡ.    Ἀλλ' οὔ σε κρύψω· τῶν ἐμῶν γὰρ οἰκετῶν
πιστότατον ἡγοῦμαί σε καὶ κλεπτίστατον.
Ἐγὼ θεοσεβὴς καὶ δίκαιος ὢν ἀνὴρ
κακῶς ἔπραττον καὶ πένης ἦν.

ΚΑ.                                    Οἶδά τοι.

ΧΡ.    Ἕτεροι δ' ἐπλούτουν· ἱερόσυλοι, ῥήτορες              30
καὶ συκοφάνται καὶ πονηροί.

ΚΑ.                                    Πείθομαι.


6. De retour de Delphes, où ils ont consulté Apollon, Carion et
son maître rentrent chez eux en arborant les couronnes de laurier qu'ils
portaient au moment de la consultation. Ces couronnes indiquaient que
le dieu leur avait donné une réponse favorable et qu'ils étaient porteurs
de bonnes nouvelles. Elles garantissaient également l'inviolabilité de
leurs personnes.

7. Cette opposition, dramatisée dans le *Ploutos*, à partir du v. 802,
est probablement une réminiscence poétique des propos de Solon, fr.
15, 1 W[2] et de Théognis, 1, 315.

8. Sur les orateurs ou les démagogues qu'on accuse volontiers, dans
la comédie, de voler, de bouleverser la cité, de manger ce qui revient
au peuple, voir Taillardat, 1965, § 693-725, p. 401 *sq.*; Ober, 1989,

nous, les voyants, qui guidons les aveugles; lui, les suit et me contraint, moi, d'en faire autant, et cela sans rien me répondre, pas le moindre mot! *(à Chrémyle.)* Eh bien, moi, pas moyen que je me taise, si tu ne m'expliques enfin pourquoi nous suivons cet homme, ô maître; mais je te causerai des désagréments; aussi bien tu ne me battras pas; je porte une couronne[6].

CHRÉMYLE.– Non, par Zeus! mais je t'ôterai ta couronne, pour peu que tu m'ennuies, et il t'en cuira d'autant plus.

CARION.– Chansons! Je ne cesserai pas, que tu ne m'aies dit qui peut bien être cet homme. C'est parce que je te veux du bien que je te le demande, le plus grand bien.

CHRÉMYLE.- Eh bien, je ne te le cacherai pas, car de nos serviteurs je te tiens pour le plus fidèle et…le plus voleur. Moi, quoique religieux et homme juste, je ne réussissais pas et j'étais pauvre[7].

CARION.– Je le sais, ma foi.

CHRÉMYLE.– D'autres étaient riches, des sacrilèges, des orateurs[8], des sycophantes[9], des gueux.

CARION.– Je te crois.

---

p. 234 *sq.* Pour toute la tirade, voir Konstan-Dillon, 1981, pp. 386-388; Spielvogel, 2001, p. 47.

9. Pour le poète, le sycophante est le délateur professionnel, celui qui tire ses revenus des dénonciations qu'il porte, non seulement contre ses concitoyens, mais également contre les métèques et contre les étrangers de passage à Athènes, en leur extorquant de l'argent ou en les menaçant (*Daitales*, fr. 228 K.-A.). La sycophantie peut être définie comme une mauvaise pratique des libertés démocratiques ou comme une déviation des pratiques judiciaires. Sur les sycophantes, cf. Taillardat, 1965, § 726-729, pp. 423-425; Osborne, 1991, pp. 82-102; Harvey, 1991, pp. 103-121; Doganis, 2007; Darbo-Pechanski, 2007, pp. 147-178.

ΧΡ. Ἐπερησόμενος οὖν ᾠχόμην ὡς τὸν θεόν,
τὸν ἐμὸν μὲν αὐτοῦ τοῦ ταλαιπώρου σχεδὸν
ἤδη νομίζων ἐκτετοξεῦσθαι βίον,
τὸν δ' υἱόν, ὅσπερ ἂν μόνος μοι τυγχάνει,      35
πευσόμενος εἰ χρὴ μεταβαλόντα τοὺς τρόπους
εἶναι πανοῦργον, ἄδικον, ὑγιὲς μηδὲ ἕν,
ὡς τῷ βίῳ τοῦτ' αὐτὸ νομίσας ξυμφέρειν.

ΚΑ. « Τί δῆτα Φοῖβος ἔλακεν ἐκ τῶν στεμμάτων; »

ΧΡ. Πεύσει. Σαφῶς γὰρ ὁ θεὸς εἶπέ μοι ταδί·      40
ὅτῳ ξυναντήσαιμι πρῶτον ἐξιών,
ἐκέλευε τούτου μὴ μεθίεσθαί μ' ἔτι,
πείθειν δ' ἐμαυτῷ ξυνακολουθεῖν οἴκαδε.

ΚΑ. Καὶ τῷ ξυναντᾷς δῆτα πρώτῳ;
ΧΡ.                                              Τουτῳί.

ΚΑ. Εἶτ' οὐ ξυνίης τὴν ἐπίνοιαν τοῦ θεοῦ      45
φράζουσαν, ὦ σκαιότατέ, σοι σαφέστατα
ἀσκεῖν τὸν υἱὸν τὸν ἐπιχώριον τρόπον;

ΧΡ. Τῷ τοῦτο κρίνεις;
ΚΑ.                        Δῆλον ὅτιὴ καὶ τυφλῷ
γνῶναι δοκεῖ τοῦθ', ὡς σφόδρ' ἐστὶ συμφέρον
τὸ μηδὲν ἀσκεῖν ὑγιὲς ἐν τῷ νῦν γένει.      50

ΧΡ. Οὐκ ἔσθ' ὅπως ὁ χρησμὸς εἰς τοῦτο ῥέπει,
ἀλλ' εἰς ἕτερόν τι μεῖζον. Ἢν δ' ἡμῖν φράσῃ
ὅστις ποτ' ἐστὶν οὑτοσὶ καὶ τοῦ χάριν
καὶ τοῦ δεόμενος ἦλθε μετὰ νῷν ἐνθαδί,
πυθοίμεθ' ἂν τὸν χρησμὸν ἡμῶν ὅ τι νοεῖ.      55

---

10. Le poète joue sur le sens de *bios*, vie, et *bios*, flèche, dans une probable réminiscence d'Héraclite, fr. 48 D.-K. Cependant, la vie n'est plus la flèche, mais le carquois qui la contient. Allusion à Eschyle, *Euménides*, 676, ou à Euripide, *Andromaque*, 365. Cf. Taillardat, 1965, § 61, p. 56 et note 3.

11. Littéralement, le « brillant ». Épithète d'Apollon. Probablement parodie d'un vers tragique que certains associent à Euripide, *Oreste*, 329. Voir Rau, 1967, p. 162 ; Torchio, *ad v.* 39.

CHRÉMYLE.– J'allai donc consulter le dieu, non pour moi malheureux, qui estime presque épuisé désormais le carquois de ma vie[10], mais pour mon fils, le seul que je me trouve avoir, afin de savoir s'il devait, changeant sa conduite, être coquin, injuste, rien qui vaille, car cela seul, à mon sens, profite à la vie.

CARION.– *(Avec une gravité ironique)*

Qu'a prononcé Phoibos[11], du fond de ses guirlandes?

CHRÉMYLE.– Tu le sauras. En termes clairs le dieu m'a dit ceci : le premier que je rencontrerais en sortant[12], il m'a ordonné de ne plus le lâcher et de l'engager à m'accompagner chez moi.

CARION.– Et qui donc as-tu rencontré le premier?

CHRÉMYLE.– *(Montrant l'aveugle.)* Celui-là.

CARION.– Quoi! Ne comprends-tu pas la pensée du dieu, laquelle te dit, ignorantissime, le plus clairement du monde d'élever ton fils selon la manière du pays?

CHRÉMYLE.– Qui te fait juger ainsi?

CARION.– C'est que, même à un aveugle[13], il semble clair d'entendre qu'il est très profitable de ne s'appliquer à rien de bon dans le siècle où nous sommes[14].

CHRÉMYLE.– Il n'est pas possible que l'oracle penche dans ce sens[15] ; il a une plus haute portée. Si cet homme nous disait qui il est, pour qu'elle raison, par quel besoin il est venu ici avec nous, nous pourrions connaître ce que signifie notre oracle.

---

12. Dans l'*Ion* d'Euripide (534-536 et 787-788), Apollon avait donné le même conseil à Xouthos qui le consultait en espérant découvrir son fils légitime.

13. Pour une conclusion analogue, cf. Platon, *Sophiste*, 241 d ; *République*, 465 d.

14. Parodie d'un vers d'Euripide, fr. 695 N². Pour l'expression, cf. Holzinger, 1940, p. 16.

15. Métaphore empruntée à la poésie tragique. Voir, Sophocle, *Œdipe Roi*, 847 ; *Antigone*, 722.

ΚΑ.   Ἄγε δή, σὺ πότερον σαυτὸν ὅστις εἶ φράσεις,
      ἢ τἀπὶ τούτοις δρῶ; Λέγειν χρὴ ταχὺ πάνυ.

ΠΛΟΥΤΟΣ
      Ἐγὼ μὲν οἰμώζειν λέγω σοι.
ΚΑ.                              Μανθάνεις
      ὅς φησιν εἶναι;
ΧΡ.                    Σοὶ λέγει τοῦτ', οὐκ ἐμοί·
      σκαιῶς γὰρ αὐτοῦ καὶ χαλεπῶς ἐκπυνθάνει.    60
      Ἀλλ' εἴ τι χαίρεις ἀνδρὸς εὐόρκου τρόποις,
      ἐμοὶ φράσον.
ΠΛ.                 Κλάειν ἔγωγέ σοι λέγω.
ΚΑ.   Δέχου τὸν ἄνδρα καὶ τὸν ὄρνιν τοῦ θεοῦ.
ΧΡ.   Οὔ τοι μὰ τὴν Δήμητρα χαιρήσεις ἔτι.
ΚΑ.   Εἰ μὴ φράσεις γάρ, ἀπό σ' ὀλῶ κακὸν κακῶς.   65
ΠΛ.   Ὦ τᾶν, ἀπαλλάχθητον ἀπ' ἐμοῦ.
ΧΡ.                                  Πώμαλα.
ΚΑ.   Καὶ μὴν ὃ λέγω βέλτιστόν ἐστ', ὦ δέσποτα.
      Ἀπολῶ τὸν ἄνθρωπον κάκιστα τουτονί.
      Ἀναθεὶς γὰρ ἐπὶ κρημνόν τιν' αὐτὸν καταλιπὼν
      ἄπειμ', ἵν' ἐκεῖθεν ἐκτραχηλισθῇ πεσών.     70
ΧΡ.   Ἀλλ' αἶρε ταχέως.
ΠΛ.                      Μηδαμῶς.
ΧΡ.                               Οὔκουν ἐρεῖς;
ΠΛ.   Ἀλλ' ἢν πύθησθέ μ' ὅστις εἴμ', εὖ οἶδ' ὅτι
      κακόν τί μ' ἐργάσεσθε κοὐκ ἀφήσετον.
ΧΡ.   Νὴ τοὺς θεοὺς ἡμεῖς γ', ἐὰν βούλῃ γε σύ.
ΠΛ.   Μέθεσθέ νύν μου πρῶτον.
ΧΡ.                           Ἤν, μεθίεμεν.    75

16. Une telle expression est utilisée à maintes reprises dans cette
comédie, v. 418 *(kakon)*, 879 *(kakous)* et chez Aristophane, *Cavaliers*,
190 *(kaka-kakôs)*; *Nuées*, 554 *(kakos-kakôs)*; *Thesmophories*, 169

CARION.– *(À l'aveugle.)* Allons, toi, oui ou non, veux-tu dire qui tu es ou *(Geste de menace)* faut-il que j'agisse en conséquence ? Parle et sans tarder.

PLOUTOS.– Va te faire pendre, je te dis.

CARION.– Tu comprends qui il dit qu'il est ?

CHRÉMYLE.– C'est à toi qu'il parle ainsi, pas à moi : tu l'interroges maladroitement et avec rudesse. *(À Ploutos.)* Mais si tu prends quelque plaisir aux manières d'un homme loyal, réponds-moi.

PLOUTOS.– À la male heure ! te dis-je.

CARION.– *(À Chrémyle, avec ironie.)* Accepte l'homme et le présage du dieu.

CHRÉMYLE.– *(À Ploutos.)* Ah ça, par Déméter, tu ne riras plus.

CARION.– *(Même geste.)* Car si tu ne parles pas, je te ferai périr, misérable, misérablement[16].

PLOUTOS.– Mon bon, laissez-moi tous deux.

CHRÉMYLE.– Du tout.

CARION.– Or donc, ce que je dis est le mieux, ô maître. Je ferai périr le plus misérablement cet homme-là : je le placerai sur le bord d'un précipice, puis l'abandonnant je m'en irai, pour que de là il se rompe le cou en tombant[17].

CHRÉMYLE.– Allons, enlève-le vite. *(Tous deux veulent saisir Ploutos.)*

PLOUTOS.– Ah ! non !

CHRÉMYLE.– Ne parleras-tu pas ?

PLOUTOS.– Mais si vous apprenez qui je suis, j'en suis sûr, vous me ferez du mal et ne me laisserez point aller.

CHRÉMYLE.– Si fait, pour les dieux, pour que tu le veuilles, toi.

PLOUTOS.– Lâchez-moi donc d'abord. *(Ils le lâchent.)*

CHRÉMYLE.– Voilà, nous te lâchons.

*(kakos-kakôs)*. Pour des formules semblables, cf. *Acharniens*, 253 *(kalè-kalos)*.

17. Cf. *Nuées*, 1501.

ΠΛ.   Ἀκούετον δή· δεῖ γάρ, ὡς ἔοικέ, με
      λέγειν ἃ κρύπτειν ἦν παρεσκευασμένος.
      Ἐγὼ γάρ εἰμι Πλοῦτος.

ΚΑ.                          Ὦ μιαρώτατε
      ἀνδρῶν ἁπάντων, εἶτ᾽ ἐσίγας Πλοῦτος ὤν;

ΧΡ.   Σὺ Πλοῦτος, οὕτως ἀθλίως διακείμενος;            80
      Ὦ Φοῖβ᾽ Ἄπολλον καὶ θεοὶ καὶ δαίμονες
      καὶ Ζεῦ, τί φῄς; ἐκεῖνος ὄντως εἶ σύ;

ΠΛ.                                        Ναί.

ΧΡ.   Ἐκεῖνος αὐτός;

ΠΛ.                   Αὐτότατος.

ΧΡ.                              Πόθεν οὖν, φράσον,
      αὐχμῶν βαδίζεις;

ΠΛ.                    Ἐκ Πατροκλέους ἔρχομαι,
      ὃς οὐκ ἐλούσατ᾽ ἐξ ὅτουπερ ἐγένετο.           85

ΧΡ.   Τουτὶ δὲ τὸ κακὸν πῶς ἔπαθες; κάτειπέ μοι.

ΠΛ.   Ὁ Ζεύς με ταῦτ᾽ ἔδρασεν ἀνθρώποις φθονῶν.
      Ἐγὼ γὰρ ὢν μειράκιον ἠπείλησ᾽ ὅτι
      ὡς τοὺς δικαίους καὶ σοφοὺς καὶ κοσμίους
      μόνους βαδιοίμην· ὁ δέ μ᾽ ἐποίησεν τυφλόν,      90
      ἵνα μὴ διαγιγνώσκοιμι τούτων μηδένα.
      Οὕτως ἐκεῖνος τοῖσι χρηστοῖσι φθονεῖ.

ΧΡ.   Καὶ μὴν διὰ τοὺς χρηστούς γε τιμᾶται μόνους
      καὶ τοὺς δικαίους.

ΠΛ.                     Ὁμολογῶ σοι.

ΧΡ.                                  Φέρε, τί οὖν;
      Εἰ πάλιν ἀναβλέψειας, ὥσπερ καὶ πρὸ τοῦ,       95
      φεύγοις ἂν ἤδη τοὺς πονηρούς;

---

18. Fils de Déméter et de Iason, Ploutos serait né dans un champ
labouré trois fois, d'où son association avec la fertilité du sol, dans la
poésie hésiodique (*Théogonie*, 969). À Athènes, il était intimement
associé aux Mystères d'Éleusis (*Hymne homérique à Déméter*, 489).
Cf. Clinton, 1992, pp. 49-55 ; Parker, 2005, p. 336 *sq.*

PLOUTOS.– Écoutez donc. Car il me faut bien, à ce que je vois, dire ce que j'étais disposé à tenir secret : je suis Ploutos[18].

CARION.– Ô le scélérat de tous les hommes[19] ! Tu es Ploutos et tu te taisais !

CHRÉMYLE.– Toi Ploutos, en si piteux état ? Ô Phoibos Apollon, ô dieux, ô démons, ô Zeus[20], que dis-tu ? Ploutos, réellement, c'est toi ?

PLOUTOS.– Oui.

CHRÉMYLE.– Ploutos en personne ?

PLOUTOS.– En personne, tout ce qu'il y a de plus.

CHRÉMYLE.– D'où viens-tu donc, dis-moi, si sale ?

PLOUTOS.– Je sors de chez Patroclès*, qui ne s'est pas lavé depuis l'heure où il est né.

CHRÉMYLE.– *(Touchant ses paupières.)* Et ce malheur, comment t'est-il arrivé ? Raconte-moi.

PLOUTOS.– C'est Zeus qui m'a fait cela, par jalousie pour les hommes[21]. Encore tout jeune, je le menaçai de ne visiter que les justes, les sages, les gens honnêtes. Et lui me rendit aveugle, pour m'empêcher d'en discerner aucun. Tant ce dieu est jaloux des gens de bien.

CHRÉMYLE.– Et pourtant c'est grâce aux seuls gens de bien qu'il est honoré, et grâce aux justes.

PLOUTOS.– J'en conviens.

CHRÉMYLE.– Eh bien, dis : si tu voyais de nouveau comme autrefois, fuirais-tu désormais les coquins ?

---

19. Dans la comédie, les personnages peuvent insulter les divinités présentes sur scène en s'adressant à elles comme à des hommes. Cf. *Oiseaux*, 1638 ; *Grenouilles*, 1472. Voir aussi Corsini, 1986, pp. 172-174 ; pp. 182-183.

20. Van Daele, note *ad v.*, considère que, dans son trouble, Chrémyle s'embrouille dans l'ordre des divinités qu'il doit invoquer. On pourrait, en effet, s'attendre à ce qu'il invoque Zeus en premier lieu (v. 1), puis tous les autres dieux et, enfin, les *daimones*. Cependant, son invocation débute par Apollon, probablement parce que Chrémyle est encore sous l'influence de la divinité qu'il vient de consulter.

ΠΛ.                          Φήμ' ἐγώ.

ΧΡ.  'Ως τοὺς δικαίους δ' ἂν βαδίζοις;
ΠΛ.                            Πάνυ μὲν οὖν·
πολλοῦ γὰρ αὐτοὺς οὐχ ἑόρακά πω χρόνου.

ΚΑ.  Καὶ θαῦμά γ' οὐδέν· οὐδ' ἐγὼ γὰρ ὁ βλέπων.

ΠΛ.  "Αφετόν μέ νῦν· ἴστον γὰρ ἤδη τἀπ' ἐμοῦ.        100

ΧΡ.  Μὰ Δί', ἀλλὰ πολλῷ μᾶλλον ἑξόμεσθά σου.

ΠΛ.  Οὐκ ἠγόρευον ὅτι παρέξειν πράγματα
ἐμέλλετόν μοι;
ΧΡ.                Καὶ σύ γ', ἀντιβολῶ, πιθοῦ,
καὶ μή μ' ἀπολίπῃς· οὐ γὰρ εὑρήσεις ἐμοῦ
ζητῶν ἔτ' ἄνδρα τοὺς τρόπους βελτίονα.      105

ΚΑ.  Μὰ τὸν Δί', οὐ γὰρ ἔστιν ἄλλος πλὴν ἐγώ.

ΠΛ.  Ταυτὶ λέγουσι πάντες· ἡνίκ' ἂν δέ μου
τύχωσ' ἀληθῶς καὶ γένωνται πλούσιοι,
ἀτεχνῶς ὑπερβάλλουσι τῇ μοχθηρίᾳ.

ΧΡ.  "Εχει μὲν οὕτως, εἰσὶ δ' οὐ πάντες κακοί.     110

ΠΛ.  Μὰ Δί', ἀλλ' ἀπαξάπαντες.
ΚΑ.             Οἰμώξει μακρά.

ΧΡ.  Σοὶ δ' ὡς ἂν εἰδῇς ὅσα, παρ' ἡμῖν ἢν μένῃς,
γενήσετ' ἀγαθά, πρόσεχε τὸν νοῦν ἵνα πύθῃ.
Οἶμαι γάρ, οἶμαι — ξὺν θεῷ δ' εἰρήσεται —
ταύτης ἀπαλλάξειν σε τῆς ὀφθαλμίας     115
βλέψαι ποήσας.
ΠΛ.           Μηδαμῶς τοῦτ' ἐργάσῃ·
οὐ βούλομαι γὰρ πάλιν ἀναβλέψαι.
ΧΡ.                  Τί φῇς;

21. Sur *phthonos*, la jalousie des dieux à l'égard des hommes, voir Hésiode, *Travaux et Jours*, 42 ; Pindare, *Isthmiques* IV, 39 ; Hérodote 3, 40. Aristophane renouvelle le *topos* en faisant de Zeus une divinité jalouse des hommes justes. Sur le *phthonos* divin, voir Bowie, 1993, p. 271. Par ailleurs, la cécité de Ploutos, conséquence de cette jalousie, est une invention aristophanesque. Voir Olson, 1990, p. 227.

PLOUTOS.– Je l'affirme.

CHRÉMYLE.– Et c'est chez les justes que tu irais ?

PLOUTOS.– Absolument. Car il y a longtemps que je ne les ai vus.

CARION.– *(Aux spectateurs.)* Rien d'étonnant ; moi non plus, qui vois clair.

PLOUTOS.– Laissez-moi maintenant ; car vous savez à présent ce que vous vouliez de moi.

CHRÉMYLE.– Non, par Zeus ; mais plus que jamais nous nous tiendrons à toi.

PLOUTOS.– Ne disais-je pas que vous alliez me causer des désagréments ?

CHRÉMYLE.– Et de ton côté, je t'en conjure, laisse-toi persuader et ne me quitte pas. Tu ne trouveras plus, où que tu cherches, un homme de meilleur caractère que moi.

CARION.– *(Aux spectateurs.)* Non, par Zeus, il n'en est pas d'autre – excepté moi.

PLOUTOS.– C'est ce qu'ils disent tous ; mais une fois qu'ils me possèdent vraiment et sont devenus riches, leur perversité dépasse absolument toute mesure.

CHRÉMYLE.– Il est vrai qu'il en est ainsi, mais ils ne sont pas tous mauvais.

PLOUTOS.– « Tous », non, par Zeus, mais « tous tant qu'ils sont ».

CARION.– Il t'en cuira fort.

CHRÉMYLE.– Et à toi, sais-tu combien, si tu restes auprès de nous, t'arriveront de bonnes choses ? Fais attention, tu vas l'apprendre. Je pense, en effet, je pense– avec l'aide de dieu[22], dirai-je – te guérir de ce mal d'yeux et te faire voir.

PLOUTOS.– Du tout, ne fais pas cela. Je ne veux pas recouvrer la vue.

CHRÉMYLE.– Que dis-tu ?

---

22. Aristophane mélange ici deux hémistiches issus des tragédies d'Euripide, *Médée*, 625b et de Sophocle, *Électre*, 459a.

ΚΑ.    Ἄνθρωπος οὗτός ἐστιν ἄθλιος φύσει.

ΠΛ.    Ὁ Ζεὺς μὲν οὖν οἶδ' ὡς, τὰ τούτων μῶρ' ἔμ' εἰ
       πύθοιτ', ἂν ἐπιτρίψειε.

ΧΡ.                              Νῦν δ' οὐ τοῦτο δρᾷ,        120
       ὅστις σε προσπταίοντα περινοστεῖν ἐᾷ;

ΠΛ.    Οὐκ οἶδ'· ἐγὼ δ' ἐκεῖνον ὀρρωδῶ πάνυ.

ΧΡ.    Ἄληθες, ὦ δειλότατε πάντων δαιμόνων;
       Οἴει γὰρ εἶναι τὴν Διὸς τυραννίδα
       καὶ τοὺς κεραυνοὺς ἀξίους τριωβόλου,        125
       ἐὰν ἀναβλέψῃς σὺ κἂν σμικρὸν χρόνον;

ΠΛ.    Ἄ, μὴ λέγ', ὦ πόνηρε, ταῦτ'.

ΧΡ.                                 Ἔχ' ἥσυχος.
       Ἐγὼ γὰρ ἀποδείξω σε τοῦ Διὸς πολὺ
       μεῖζον δυνάμενον.

ΠΛ.                       Ἐμὲ σύ;

ΧΡ.                               Νὴ τὸν οὐρανόν.
       Αὐτίκα γὰρ — ἄρχει διὰ τί ὁ Ζεὺς τῶν θεῶν;        130

ΚΑ.    Διὰ τἀργύριον· πλεῖστον γάρ ἐστ' αὐτῷ.

ΧΡ.                                           Φέρε,
       τίς οὖν ὁ παρέχων ἐστὶν αὐτῷ τοῦθ';

ΚΑ.                                        Ὁδί.

ΧΡ.    Θύουσι δ' αὐτῷ διὰ τίν'; Οὐ διὰ τουτονί;

---

23. Parodie d'Euripide, *Antigone*, fr. 157-158 Kn. = 1 J.-VL. Voir
aussi *Grenouilles*, 1182-1183.

24. Voir aussi, vv. 202-203. Dans les *Oiseaux*, 1494 *sq.*, Prométhée
évoque également la peur que lui inspire Zeus.

25. Pour une expression analogue, voir *Grenouilles*, 486.

26. Le poète utilise ici le terme *tyrannis*. Selon Sommerstein, *ad v.*,
dans la poésie d'Aristophane ce terme est associé au pouvoir de Zeus
dès lors qu'il est susceptible d'être renversé. Van Daele, *ad v.*, souligne
le dédain des personnages d'Aristophane à l'égard de la souveraineté de

CARION.– *(Aux spectateurs.)* Cet homme est malheureux de naissance[23].

PLOUTOS.– Zeus, pour sûr, s'il apprenait les folies de ces gens-là, serait dans le cas de m'écraser.

CHRÉMYLE.– Ne le fait-il pas déjà, lui qui te laisse aller çà et là en heurtant?

PLOUTOS.– Je ne sais; mais j'ai de lui une peur affreuse[24].

CHRÉMYLE.– Vraiment? ô le plus poltron de tous les dieux[25]! Crois-tu que la souveraineté[26] de Zeus et ses foudres vaillent seulement un triobole[27], si tu recouvres la vue, même pour peu de temps?

PLOUTOS.– Ah! méchant, ne dis pas cela.

CHRÉMYLE.– Sois tranquille. Je te prouverai que tu es bien plus puissant que Zeus[28].

PLOUTOS.– Moi, dis-tu?

CHRÉMYLE.– Oui, par le ciel. Tout de suite, tenez. *(À Carion.)* Par quoi Zeus commande-t-il aux dieux?

CARION.– Par l'argent. Car il en a à foison[29].

CHRÉMYLE.– Eh bien, qui donc lui fournit cet argent?

CARION.– *(Montrant Ploutos.)* Celui-ci.

CHRÉMYLE.– Et on lui sacrifie grâce à qui? N'est-ce pas grâce à lui que voilà?

Zeus, cf. *Oiseaux*, 1246 *sq.*; 1605 *sq.*; 1643 *sq.* Cependant, le parallèle qui vient immédiatement à l'esprit se trouve dans les *Guêpes*, 624 *sq.*

27. Au Ve siècle, le triobole était l'indemnité que percevaient les juges pour siéger à l'Héliée. En 388, cette somme équivalait aussi au *misthos ekklesiastikos* que touchaient les citoyens siégeant aux réunions de l'assemblée du peuple. Cf. Aristote, *Constitution d'Athènes*, 41,3; David, 1984, pp. 29-32; Hansen, 1983, pp. 1-23.

28. Raisonnement semblable dans les *Oiseaux*, 466-540.

29. Voir aussi v. 580. Selon Isée, 8, 15-15, les Athéniens sacrifiaient à Zeus *Ktesios* pour obtenir prospérité et santé. Cf. Parker, 2005, p. 425.

KA.    Καὶ νὴ Δί' εὔχονταί γε πλουτεῖν ἄντικρυς.

XP.    Οὔκουν ὅδ' ἐστὶν αἴτιος καὶ ῥᾳδίως                        135
       παύσειεν, εἰ βούλοιτο, ταῦτ' ἄν;
ΠΛ.                                    Ὅτι τί δή;
XP.    Ὅτι οὐδ' ἂν εἷς θύσειεν ἀνθρώπων ἔτι
       οὐ βοῦν ἄν, οὐχὶ ψαιστόν, οὐκ ἀλλ' οὐδὲ ἕν,
       μὴ βουλομένου σοῦ.
ΠΛ.                       Πῶς;
XP.                           Ὅπως; οὐκ ἔσθ' ὅπως
       ὠνήσεται δήπουθεν, ἢν σὺ μὴ παρὼν             140
       αὐτὸς διδῷς τἀργύριον, ὥστε τοῦ Διὸς
       τὴν δύναμιν, ἢν λυπῇ τι, καταλύσεις μόνος.
ΠΛ.    Τί λέγεις; δι' ἐμὲ θύουσιν αὐτῷ;
XP.                                  Φήμ' ἐγώ.
       Καὶ νὴ Δί' εἴ τί γ' ἐστὶ λαμπρὸν καὶ καλὸν
       ἢ χαρίεν ἀνθρώποισι, διὰ σὲ γίγνεται.          145
       Ἅπαντα τῷ πλουτεῖν γάρ ἐσθ' ὑπήκοα.
KA.    Ἔγωγέ τοι διὰ μικρὸν ἀργυρίδιον
       δοῦλος γεγένημαι πρότερον ὢν ἐλεύθερος.
XP.    Καὶ τάς γ' ἑταίρας φασὶ τὰς Κορινθίας,
       ὅταν μὲν αὐτάς τις πένης πειρῶν τύχῃ,           150

30. Pour une liste plus complète de sacrifices et d'offrandes, cf. v. 1112-1116.

31. Aux vers 948-949, c'est la démocratie athénienne que Ploutos renversera tout seul, au dire du sycophante.

32. Cf. v. 183.

33. À Athènes, l'esclavage pour dettes avait été aboli dès le VIᵉ siècle av. J.-C., grâce aux réformes de Solon (Aristote, *Constitution d'Athènes*, 6, 1 et 9, 1; Plutarque, *Solon*, 13-16). Mais il était encore pratiqué dans d'autres cités; cf. Lysias, 12, *Contre Ératosthène*, 98; Isocrate, 14, *Plataïque*, 48. Si l'on se fie à son nom, Carion pourrait

CARION.– Oui, par Zeus ; et ce qu'on demande, c'est d'être riche, sans détour.

CHRÉMYLE.– N'est-ce pas celui-ci qui est en cause ? Et ne pourrait-il pas facilement, s'il voulait, faire cesser tout cela ?

PLOUTOS.– Et pourquoi donc ?

CHRÉMYLE.– Parce que pas un homme ne sacrifierait plus ni bœuf, ni pâte, ni n'importe quoi d'autre[30], si tu ne voulais pas, toi.

PLOUTOS.– Comment ?

CHRÉMYLE.– Comment ? Pas moyen d'acheter apparemment, si tu n'es pas là en personne pour donner l'argent. Aussi, la puissance de Zeus, s'il te cause quelque ennui, tu la renverseras à toi seul[31].

PLOUTOS.– Que dis-tu ? C'est par moi qu'on lui sacrifie ?

CHRÉMYLE.– Oui, dis-je, Et, par Zeus, les hommes ont-ils rien de brillant, de beau, d'agréable, c'est par toi que cela leur vient[32]. Car toutes choses sont subordonnées à la richesse.

CARION.– Moi, voyez-vous, c'est à cause d'une mince petite somme d'argent que je suis devenu esclave, moi qui auparavant étais libre[33].

CHRÉMYLE.– Oui, et les courtisanes de Corinthe[34], on dit que, si d'aventure c'est un pauvre qui les sollicite,

être originaire de Carie. Sur son statut, cf. v. 6-7. Voir aussi Eherenberg, 1962, p. 169.

34. Célèbres par les plaisirs raffinés qu'elles offraient à leurs clients, les prostituées de Corinthe sont présentes dans la comédie d'Aristophane dès 425 av. J.-C. (*Acharniens*, 523 *sq.*). Le prix de leurs faveurs était tellement élevé qu'il était à l'origine du proverbe : « Tout le monde n'a pas les moyens d'aller à Corinthe » (fr. 928 K-A (cité par Hésychius, *o* 1799). Voir aussi Diogenianos, 7, 16 (Leutsch). Cf. Taillardat, 1965, §204, p. 107 ; Dover, 1978, p. 112.

οὐδὲ προσέχειν τὸν νοῦν, ἐὰν δὲ πλούσιος,
τὸν πρωκτὸν αὐτὰς εὐθὺς ὡς τοῦτον τρέπειν.

**ΚΑ.** Καὶ τούς γε παῖδάς φασι ταὐτὸ τοῦτο δρᾶν
οὐ τῶν ἐραστῶν, ἀλλὰ τἀργυρίου χάριν.

**ΧΡ.** Οὐ τούς γε χρηστούς, ἀλλὰ τοὺς πόρνους· ἐπεὶ  155
αἰτοῦσιν οὐκ ἀργύριον οἱ χρηστοί.

**ΚΑ.**                         Τί δαί;

**ΧΡ.** Ὁ μὲν ἵππον ἀγαθόν, ὁ δὲ κύνας θηρευτικάς.

**ΚΑ.** Αἰσχυνόμενοι γὰρ ἀργύριον αἰτεῖν ἴσως
ὀνόματι περιπέττουσι τὴν μοχθηρίαν.

**ΧΡ.** Τέχναι δὲ πᾶσαι διὰ σὲ καὶ σοφίσματα     160
ἐν τοῖσιν ἀνθρώποισίν ἐσθ' ηὑρημένα.
Ὁ μὲν γὰρ ἡμῶν σκυτοτομεῖ καθήμενος,
ἕτερος δὲ χαλκεύει τις, ὁ δὲ τεκταίνεται,
ὁ δὲ χρυσοχοεῖ γε χρυσίον παρὰ σοῦ λαβών, —

**ΚΑ.** ὁ δὲ λωποδυτεῖ γε νὴ Δί', ὁ δὲ τοιχωρυχεῖ, —   165

**ΧΡ.** ὁ δὲ κναφεύει γ', —

**ΚΑ.**                ὁ δέ γε πλύνει κῴδια, —

**ΧΡ.** ὁ δὲ βυρσοδεψεῖ γ' —

**ΚΑ.**                ὁ δέ γε πωλεῖ κρόμμυα, —

**ΧΡ.** ὁ δ' ἁλούς γε μοιχὸς διὰ σέ που παρατίλλεται.

35. Sur ce point, cf. Dover, 1978, p. 99; pp. 140-147; Kilmer, 1993, pp. 22-25 et Henderson, 1991, § 204, p. 150.

36. Dans les *Nuées*, 21-24, Strepsiade se plaint du prix des chevaux de course, ce qui lui fait contracter d'importantes dettes, vv. 1224-1225. Lysias, 8, *Accusation contre des Co-associés*, 10 et Xénophon, *Anabase*, 7,8, 6 observent que les chevaux coûtaient, à la fin du vᵉ-début du ivᵉ siècle, approximativement 12 mines, soit 1 200 drachmes.

37. Selon Xénophon, *L'Art de la chasse*, 2-4; 6-7, on utilisait différents chiens en fonction de la proie que l'on voulait chasser. Certains, comme les indiens (10, 1), étaient fort coûteux.

38. Van Daele, *ad v.* 68, suivant le scholiaste, considère que l'épilation d'un adultère visait à l'inciter à payer la réparation exigée

elles n'y font même pas attention ; mais, si c'est un riche, aussitôt elles lui présentent leur croupe[35].

CARION.– Oui, et les jeunes garçons, on dit qu'ils font de même, par amour non pour leurs amants, mais pour l'argent.

CHRÉMYLE.– Pas les honnêtes du moins, mais les prostitués ; attendu qu'ils ne demandent pas d'argent, les honnêtes.

CARION.– Et quoi donc ?

CHRÉMYLE.– L'un, un bon cheval[36], l'autre, des chiens de chasse[37].

CARION.– Ils auraient honte peut-être de demander de l'argent, et ils colorent d'un nom spécieux leur dépravation.

CHRÉMYLE.– Et tous les arts et industries parmi les hommes, c'est grâce à toi qu'ils sont été inventés ; l'un de nous taille le cuir, assis ; un autre est forgeron ; un autre, charpentier ; celui-ci est orfèvre, ayant reçu l'or de toi…

CARION.– …celui-là est tire-laine, par Zeus ; cet autre perceur de murs…

CHRÉMYLE.– …l'un est foulon…

CARION.– …l'autre nettoie les peaux…

CHRÉMYLE.– …celui-ci est tanneur…

CARION.– …celui-là vend des oignons…

CHRÉMYLE.– …et le galant pris sur le fait, c'est à toi qu'il doit, je présume, d'être épilé[38].

---

par l'époux outragé. Sommerstein, *ad v.* 68, observe que cette peine vexatoire était appliquée au séducteur devant témoins par le mari outragé. Ce dernier arrachait un seul des poils du pubis du coupable si celui-ci acceptait de lui verser la compensation financière exigée. Face au refus du coupable, le mari pouvait continuer de l'épiler. Selon les spécialistes, la somme exigée dans de telles circonstances allait de 3 000 à 18 000 drachmes (Cratinos, *Les Femmes Thraces*, fr. 81 K.-A. ; Pseudo-Démosthène, 59, *Contre Nééra*, 65). Pour d'autres mesures vexatoires prises à Athènes à l'égard des adultères, cf. *Nuées*, 1075-1084. Voir aussi Harrison, 1978, I, p. 254 *sq.* ; MacDowell, 1978, pp. 124-5 ; Cohen, 1985, pp. 385-387 ; 1991, p. 130.

ΠΛ.   Οἴμοι τάλας, ταυτί μ' ἐλάνθανεν πάλαι.

ΚΑ.   Μέγας δὲ βασιλεὺς οὐχὶ διὰ τοῦτον κομᾷ;           170
      Ἐκκλησία δ' οὐχὶ διὰ τοῦτον γίγνεται;

ΧΡ.   Τί δέ; τὰς τριήρεις οὐ σὺ πληροῖς; εἰπέ μοι.

ΚΑ.   Τὸ δ' ἐν Κορίνθῳ ξενικὸν οὐχ οὗτος τρέφει;
      Ὁ Πάμφιλος δ' οὐχὶ διὰ τοῦτον κλαύσεται;

ΧΡ.   Ὁ βελονοπώλης δ' οὐχὶ μετὰ τοῦ Παμφίλου;       175

ΚΑ.   Ἀγύρριος δ' οὐχὶ διὰ τοῦτον πέρδεται;

ΧΡ.   Φιλέψιος δ' οὐχ ἕνεκα σοῦ μύθους λέγει;
      Ἡ ξυμμαχία δ' οὐ διὰ σὲ τοῖς Αἰγυπτίοις;
      Ἐρᾷ δὲ Λαὶς οὐ διὰ σὲ Φιλωνίδου;

ΚΑ.   Ὁ Τιμοθέου δὲ πύργος —

39. Ou assemblée du peuple. Les Athéniens se réunissaient quatre
fois par prytanie à la Pnyx. Sur le déroulement des assemblées, voir
Aristote, *Constitution d'Athènes*, 43.

40. Lors de l'Assemblée du peuple, les Athéniens prenaient des
décisions concernant tous les aspects de la vie civique. Pendant les
séances, le peuple pouvait voter les dépenses et des mesures concernant
l'utilisation des biens de la cité ou les moyens de se les procurer. Mais
Chrémyle ne s'intéresse pas au rôle des citoyens dans cette tirade : il
tente tout simplement de dire que les Athéniens fréquentent la Pnyx
pour récupérer leur indemnité (*Assemblée des femmes*, 183-188 ;
300-310 et 380-391).

41. À Athènes, les citoyens (et eux seuls) étaient astreints à la
triérarchie. Cette liturgie était exercée par ceux qui appartenaient aux
premières classes censitaires et dont le revenu annuel minimum se
situait entre un et huit talents. Sur ce point, cf. les analyses de Davies,
*APF*, pp. xvii-xxxi ; Davies, 1984, pp. 9-14 ; Gabrielsen, 1994.

PLOUTOS.– Misère de moi! tout cela, je l'ignorais depuis longtemps!

CARION.– Et le Grand Roi*, n'est-ce pas à cause de lui qu'il fait le fier? Et l'Ecclésie[39], n'est-ce pas à cause de lui qu'elle a lieu[40]?

CHRÉMYLE. – Et quoi? les trières, n'est-ce pas toi qui les équipes[41], dis-moi?

CARION.– Et le corps des mercenaires de Corinthe[42], n'est-ce pas lui qui les entretient? Et Pamphilos*, n'est-ce à cause de lui qu'il vo…ciférera?

CHRÉMYLE.– Et le marchand d'aiguilles[43] avec Pamphilos?

CARION.– Et Agyrrhios*, n'est-ce pas à cause de lui qu'il fait le péteux[44]?

CHRÉMYLE.– Et Philepsios*, n'est-ce pas en vue de toi qu'il dit des contes? N'est-ce pas pour toi que s'est faite l'alliance avec les Égyptiens[45]? Pour toi, que Laïs* aime Philonidès*?

CARION.– Et la tour de Timothée*…

---

42. Allusion aux événements de 390 av. J.-C. et particulièrement à la campagne menée par Iphicrate contre les Lacédémoniens qui s'attaquaient alors à Corinthe (Xénophon, *Helléniques*, 4, 5, 7-18; Diodore de Sicile, 14, 86; 91-92). Dans les cités grecques, les mercenaires étaient payés en nature et en argent, raison pour laquelle le personnage observe que c'est Ploutos qui les entretient.

43. Selon une scholie au v. 175, cet individu se nommait Aristoxène. Il s'agit sans doute d'un démagogue de l'entourage de Pamphilos.

44. Littéralement : «n'est-ce pas à cause de lui qu'il pète?» Traditionnellement, les spécialistes considèrent que l'expression signifie «vivre sans souci», «être riche». Voir Taylor, 2001, pp. 53-66; Beta, 2004, p. 104, pour qui la pétarade d'Agyrrhios se réfère aux discours qu'il prononçait devant l'Assemblée.

45. Les sources anciennes n'évoquent nulle part une telle alliance. Sans doute, le poète fait-il allusion à l'alliance que les Athéniens venaient de contracter avec Chypre (Xénophon, *Helléniques*, 4, 8, 24).

ΧΡ.                         ἐμπέσοι γέ σοι.     180
     Τὰ δὲ πράγματ' οὐχὶ διὰ σὲ πάντα πράττεται;
     Μονώτατος γὰρ εἶ σὺ πάντων αἴτιος
     καὶ τῶν κακῶν καὶ τῶν ἀγαθῶν, εὖ ἴσθ' ὅτι.

ΚΑ.   Κρατοῦσι γοῦν κἀν τοῖς πολέμοις ἑκάστοτε,
     ἐφ' οἷς ἂν οὗτος ἐπικαθέζηται μόνον.     185

ΠΛ.   'Εγὼ τοσαῦτα δυνατός εἰμ' εἷς ὢν ποεῖν;

ΧΡ.   Καὶ ναὶ μὰ Δία τούτων γε πολλῷ πλείονα·
     ὥστ' οὐδὲ μεστός σου γέγον' οὐδεὶς πώποτε.
     Τῶν μὲν γὰρ ἄλλων ἐστὶ πάντων πλησμονή·
     ἔρωτος, —

ΚΑ.         ἄρτων,

ΧΡ.             μουσικῆς, —

ΚΑ.                  τραγημάτων, —    190

ΧΡ.   τιμῆς, —

ΚΑ.           πλακούντων, —

ΧΡ.               ἀνδραγαθίας, —

ΚΑ.                   ἰσχάδων, —

ΧΡ.   φιλοτιμίας, —

ΚΑ.         μάζης, —

ΧΡ.             στρατηγίας, —

ΚΑ.                  φακῆς, —

ΧΡ.   σοῦ δ' ἐγένετ' οὐδεὶς μεστὸς οὐδεπώποτε.
     'Αλλ' ἢν τάλαντά τις λάβῃ τριακαίδεκα,
     πολὺ μᾶλλον ἐπιθυμεῖ λαβεῖν ἑκκαίδεκα·    195
     κἂν ταῦθ' ἀνύσηται, τετταράκοντα βούλεται,
     ἢ οὔ φησιν εἶν' αὐτῷ βιωτὸν τὸν βίον.

---

46. Aristophane observe que l'argent est le nerf de la guerre et considère, en plaisantant, que la victoire reviendrait à la cité qui disposerait des ressources les plus importantes (*Acharniens*, 646-651). Voir aussi Thucydide, 2, 13, 2.

CHRÉMYLE.– Qu'elle te tombe dessus! Et les affaires, n'est-ce pas pour toi qu'elles se font toutes? Car seul, archiseul, tu es cause de tout, et des maux et des biens, sois-en sûr.

CARION.– Même à la guerre, par exemple, la victoire est toujours à ceux qu'il appuie de son poids, sans plus[46].

PLOUTOS.– Quoi! je suis capable, à moi seul, de faire tant de choses?

CHRÉMYLE.– Oui, et, par Zeus, bien plus encore. Au point que jamais personne n'en a eu assez de toi. De tout le reste il y a satiété: d'amour…

CARION.– …de pain…

CHRÉMYLE.– …de musique…

CARION.– …de friandises…

CHRÉMYLE.– …d'honneur…

CARION.– …de tartes…

CHRÉMYLE.– …de vertu virile…

CARION.– …de figues sèches…

CHRÉMYLE.– …d'ambition…

CARION.– …de pain d'orge…

CHRÉMYLE.– …de commandement militaire…

CARION.– …de purée de lentilles…

CHRÉMYLE.– Mais de toi jamais personne n'a assez. A-t-on reçu treize talents, bien plus encore on désire en recevoir seize[47]. Si l'on en vient à bout, c'est quarante que l'on veut, sans quoi l'on dit que la vie n'est pas digne d'être vécue[48].

---

47. Sur le thème de l'insatiabilité, cf. Solon, fr. 13, 71-73 W² ; Théognis, 1, 227-229 ; 1, 1157-1158 ; Xénophon, *Banquet*, 4, 35 ; et les remarques de Seaford, 2004, pp. 164-165.

48. Cette expression est souvent utilisée dans les textes dramatiques et rhétoriques : Euripide, *Héraclès*, 1257 *sq.* ; *Ion*, 670 ; Antiphon, 3, *Deuxième tétralogie*, 2, 10.

ΠΛ.    Εὖ τοι λέγειν ἔμοιγε φαίνεσθον πάνυ·
        πλὴν ἓν μόνον δέδοικα —
ΧΡ.                   Φράζε, τοῦ πέρι;
ΠΛ.    ὅπως ἐγὼ τὴν δύναμιν ἣν ὑμεῖς φατε     100
        ἔχειν με, ταύτης δεσπότης γενήσομαι.
ΧΡ.    Νὴ τὸν Δί', ἀλλὰ καὶ λέγουσι πάντες ὡς
        δειλότατόν ἐσθ' ὁ πλοῦτος.
ΠΛ.                      Ἥκιστ', ἀλλά με
        τοιχωρύχος τις διέβαλ'. Εἰσδὺς γάρ ποτε
        οὐκ εἶχεν εἰς τὴν οἰκίαν οὐδὲν λαβεῖν,     105
        εὑρὼν ἀπαξάπαντα κατακεκλεισμένα·
        εἶτ' ὠνόμασέ μου τὴν πρόνοιαν δειλίαν.
ΧΡ.    Μή νυν μελέτω σοι μηδέν· ὡς ἐὰν γένῃ
        ἀνὴρ πρόθυμος αὐτὸς εἰς τὰ πράγματα,
        βλέποντ' ἀποδείξω σ' δξύτερον τοῦ Λυγκέως.   210
ΠΛ.    Πῶς οὖν δυνήσει τοῦτο δρᾶσαι θνητὸς ὤν;
ΧΡ.    Ἔχω τιν' ἀγαθὴν ἐλπίδ' ἐξ ὧν εἶπέ μοι
        ὁ Φοῖβος αὐτὸς Πυθικὴν σείσας δάφνην.
ΠΛ.    Κἀκεῖνος οὖν ξύνοιδε ταῦτα;
ΧΡ.                        Φήμ' ἐγώ.
ΠΛ.    Ὁρᾶτε —
ΧΡ.          Μὴ φρόντιζε μηδέν, ὦγαθέ.     215
        Ἐγὼ γάρ, εὖ τοῦτ' ἴσθι, κἂν δῇ μ' ἀποθανεῖν,
        αὐτὸς διαπράξω ταῦτα.
ΚΑ.              Κἂν βούλῃ γ', ἐγώ.
ΧΡ    Πολλοὶ δ' ἔσονται χἄτεροι νῷν ξύμμαχοι,
        ὅσοις δικαίοις οὖσιν οὐκ ἦν ἄλφιτα.

49. *Deilotaton*, «plus peureux». Le terme peut aussi être compris comme une métaphore appliquée aux riches qui craignent toujours pour leur fortune (cf. v. 122; 207, 237-238). Sur ce point, voir Komornicka, 1964, p. 127, n. 181.

PLOUTOS.– Vous parlez, ma foi, tous deux tout à fait bien, ce me semble ; une seule chose me fait peur.

CHRÉMYLE.– Explique, à propos de quoi ?

PLOUTOS.– Comment de cette puissance que vous dîtes m'appartenir deviendrai-je le maître ?

CHRÉMYLE.– Oh ! par Zeus ; mais tout le monde dit que rien n'est plus poltron[49] que la richesse.

PLOUTOS.– Pas du tout. C'est quelque perceur de murs qui m'a calomnié : il aura pénétré un jour dans ma maison, mais n'a rien trouvé à prendre, tout étant sous clef ; et il a nommé ma prévoyance poltronnerie.

CHRÉMYLE.– Ne t'inquiète donc de rien. Songe que si tu montres toi-même du zèle pour notre affaire, je te rendrai la vue plus perçante que celle de Lyncée[50].

PLOUTOS.– Comment donc le pourras-tu, n'étant qu'un mortel ?

CHRÉMYLE.– J'ai quelque bon espoir, d'après ce que m'a dit

Phoibos même agitant le Pythique laurier[51].

PLOUTOS.– Lui aussi est donc du secret ?

CHRÉMYLE.– Assurément.

PLOUTOS.– Prenez garde…

CHRÉMYLE.– Ne te souci de rien, mon brave. Car moi, sache-le bien, quand je devrais mourir, j'en viendrai moi-même à bout.

CARION.– Et, si tu veux, moi aussi.

CHRÉMYLE.– Et bien d'autres encore seront nos auxiliaires, tous ceux qui, étant honnêtes, n'avaient pas de pain.

---

50. Ce personnage avait la vue si perçante (Pindare, *Néméennes*, 10, 63) qu'il pouvait voir à travers les objets. Cf. Apollonios de Rhodes, *Argonautiques*, 1, 153-155.

51. Citation ou parodie d'un vers tragique. Sur le laurier d'Apollon à Delphes, cf. *Hymne homérique à Apollon*, 395-396 ; Euripide, *Andromaque*, 1115 ; Callimaque, *Hymne à Apollon*, 1. Sur ce point, voir Rau, 1967, p. 162.

ΠΛ.   Παπαῖ, πονηρούς γ' εἶπας ἡμῖν ξυμμάχους.       220

ΧΡ.   Οὔκ, ἤν γε πλουτήσωσιν ἐξ ἀρχῆς πάλιν.
      Ἀλλ' ἴθι σὺ μὲν ταχέως δραμών —

ΚΑ.                                    Τί δρῶ; λέγε.

ΧΡ.   τοὺς ξυγγεώργους κάλεσον, — εὑρήσεις δ' ἴσως
      ἐν τοῖς ἀγροῖς αὐτοὺς ταλαιπωρουμένους, —
      ὅπως ἂν ἴσον ἕκαστος ἐνταυθοῖ παρὼν           225
      ἡμῖν μετάσχῃ τοῦδε τοῦ Πλούτου μέρος.

ΚΑ.   Καὶ δὴ βαδίζω. Τουτοδὶ τὸ κρεᾴδιον
      τῶν ἔνδοθέν τις εἰσενεγκάτω λαβών.

ΧΡ.   Ἐμοὶ μελήσει τοῦτό γ'· ἀλλ' ἀνύσας τρέχε.
      Σὺ δ', ὦ κράτιστε Πλοῦτε πάντων δαιμόνων,     230
      εἴσω μετ' ἐμοῦ δεῦρ' εἴσιθ'· ἡ γὰρ οἰκία
      αὕτη 'στὶν ἥν δεῖ χρημάτων σε τήμερον
      μεστὴν ποῆσαι καὶ δικαίως κἀδίκως.

ΠΛ.   Ἀλλ' ἄχθομαι μὲν εἰσιὼν νὴ τοὺς θεοὺς
      εἰς οἰκίαν ἑκάστοτ' ἀλλοτρίαν πάνυ·           235
      ἀγαθὸν γὰρ ἀπέλαυσ' οὐδὲν αὐτοῦ πώποτε.
      Ἢν μὲν γὰρ ὡς φειδωλὸν εἰσελθὼν τύχω,
      εὐθὺς κατώρυξέν με κατὰ τῆς γῆς κάτω·
      κἄν τις προσέλθῃ χρηστὸς ἄνθρωπος φίλος
      αἰτῶν λαβεῖν τι σμικρὸν ἀργυρίδιον,           240
      ἔξαρνός ἐστι μηδ' ἰδεῖν με πώποτε.
      Ἢν δ' ὡς παραπλῆγ' ἄνθρωπον εἰσελθὼν τύχω,
      πόρναισι καὶ κύβοισι παραβεβλημένος
      γυμνὸς θύραζ' ἐξέπεσον ἐν ἀκαρεῖ χρόνου.

52. *Summachoi*, « alliés ».

53. Allusion au sacrifice que Chrémyle avait offert à Apollon et
dont il avait conservé une partie pour partager avec sa famille.

54. Sur ce point voir, McGlew, 2002, p. 181 *sq.*

PLOUTOS.– Heu, heu! tu parles de tristes auxiliaires[52].

CHRÉMYLE.– Non, s'ils redeviennent riches tout d'abord. *(À Carion).* Toi, pars, cours vite…

CARION.– Que faire? Dis.

CHRÉMYLE.– Appelle les camarades laboureurs – tu les trouveras sans doute aux champs, peinant dur – pour que chacun vienne ici prendre avec nous sa part du Ploutos que voici.

CARION.– J'y vais de ce pas; mais *(lui présentant une marmite.)* ce bout de viande[53], que quelqu'un de la maison le prenne et le rentre.

CHRÉMYLE.– Oui, je m'en inquiéterai. Mais finis-en et cours. *(Carion lui passe la marmite et sort, par la gauche.)* Et toi, Ploutos, ô le plus puissant de tous les dieux, entre ici avec moi. Car voici la maison qu'il te faut aujourd'hui combler de richesses, à droit et à tort[54].

PLOUTOS.– Mais cela m'ennuie, par les dieux, chaque fois que j'entre dans une maison étrangère, tout à fait, car rien de bon ne m'en est jamais revenu. Si c'est chez un parcimonieux que je suis entré d'aventure, il a tôt fait de m'enfouir dans la terre profondément[55]; qu'un honnête homme, son ami, vienne lui demander une toute petite somme d'argent, il se défend de m'avoir même vu jamais. Si c'est chez un écervelé que je suis entré d'aventure, jeté en pâture aux courtisanes et aux dés[56], on me met à la porte tout nu, en un rien de temps.

---

55. Les trésors, constitués de monnaies, étaient souvent enfouis pendant les moments de crise. Pour Aristophane, et plus tard pour Ménandre, le fait d'enfouir son magot était aussi la marque de l'avarice. À Athènes, thésauriser ses richesses entraînait la suspicion: on craignait que les riches se soustraient aux liturgies. Cf. Gabrielsen, 1986, pp. 99-114; Cohen, 1992, p. 193; Cox, 1998, p. 169.

56. Voir par exemple Eupolis, *Flatteurs*, fr. 174 K.-A. et Athénée, 5, 218 b.

ΧΡ.   Μετρίου γὰρ ἀνδρὸς οὐκ ἐπέτυχες πώποτε.          245
      Ἐγὼ δὲ τούτου τοῦ τρόπου πῶς εἴμ' ἀεί·
      χαίρω τε γὰρ φειδόμενος ὡς οὐδεὶς ἀνὴρ
      πάλιν τ' ἀναλῶν, ἡνίκ' ἂν τούτου δέῃ.
      Ἀλλ' εἰσίωμεν, ὡς ἰδεῖν σε βούλομαι
      καὶ τὴν γυναῖκα καὶ τὸν υἱὸν τὸν μόνον,          250
      ὃν ἐγὼ φιλῶ μάλιστα μετὰ σέ.

ΠΛ.                                 Πείθομαι.

ΧΡ.   Τί γὰρ ἄν τις οὐχὶ πρὸς σὲ τἀληθῆ λέγοι;

ΚΑ.   Ὦ πολλὰ δὴ τῷ δεσπότῃ ταὐτὸν θύμον φαγόντες,
      ἄνδρες φίλοι καὶ δημόται καὶ τοῦ πονεῖν ἐρασταί,
      ἴτ', ἐγκονεῖτε, σπεύδεθ', ὡς ὁ καιρὸς οὐχὶ μέλλειν,   255
      ἀλλ' ἔστ' ἐπ' αὐτῆς τῆς ἀκμῆς, ᾗ δεῖ παρόντ' ἀμύνειν.

ΧΟΡΟΣ
      Οὔκουν ὁρᾷς ὁρμωμένους ἡμᾶς πάλαι προθύμως,
      ὡς εἰκός ἐστιν ἀσθενεῖς γέροντας ἄνδρας ἤδη;
      Σὺ δ' ἀξιοῖς ἴσως με θεῖν, πρὶν ταῦτα καὶ φράσαι μοι
      ὅτου χάριν μ' ὁ δεσπότης ὁ σὸς κέκληκε δεῦρο.        260

ΚΑ.   Οὔκουν πάλαι δήπου λέγω; Σὺ δ' αὐτὸς οὐκ ἀκούεις.
      Ὁ δεσπότης γάρ φησιν ὑμᾶς ἡδέως ἅπαντας
      ψυχροῦ βίου καὶ δυσκόλου ζήσειν ἀπαλλαγέντας.

---

57. À propos du chœur dans cette pièce, voir Zimmermann, 1992,
pp. 57-64 ; Sommerstein, 2001, ad v. 290-321 ; Mureddu, 1982-1983,
pp. 77-83 ; Fernández, 2002, p. 44 sq.

58. Le thym ou la sarriette, utilisé pour aromatiser le sel, est associé
à la vie besogneuse des paysans, voire des pauvres. Comme le souligne
Taillardat, 1965, § 546, p. 316, les Grecs opposaient la consommation
du thym à celle de la viande, qui, elle, est signe d'abondance ;
cf. Antiphane, fr. 225 K.-A.

CHRÉMYLE.– C'est que jamais tu n'es tombé sur un homme modéré. Or moi je suis de ce caractère à peu près toujours. J'aime et économiser comme pas un et par contre dépenser quand il le faut. Mais entrons. Je veux te faire voir à ma femme et à mon fils, mon unique, que j'aime le plus au monde… après toi.

PLOUTOS.– Je te crois.

CHRÉMYLE.– Car pourquoi ne te dirait-on pas la vérité?

*(Ils entrent chez Chrémyle.)*

> *Par la parodos gauche entre dans l'Orchestra, conduit par Carion, le Chœur composé de vingt-quatre campagnards[57].*

CARION.– *(Au Chœur.)* Ô vous qui tant de fois mangeâtes le même thym que mon maître[58], ô amis, nos compagnons de dème[59], amoureux du labeur, venez, empressez-vous, dépêchez; car il n'est plus temps de lambiner; vous êtes à l'instant même où il faut être là pour porter secours.

LE CORYPHÉE.– Ne vois-tu pas que depuis longtemps nous nous avançons avec ardeur, autant qu'on peut l'attendre d'hommes débiles, déjà vieux? Mais toi tu juges bon peut-être que je coure, avant même de m'avoir dit pour quel motif ton maître nous a appelés ici.

CARION.– Ne te le dis-je pas, depuis longtemps, voyons? C'est ta faute à toi, tu ne m'écoutes pas. Mon maître assure que vous vivrez d'heureux jours, tous affranchis d'un vie morne et chagrine.

---

59. À Athènes, il y avait 139 dèmes urbains et extra-urbains. Aristophane ne précise pas, cependant, la localité de l'Attique dans laquelle la scène du *Ploutos* est censée se dérouler.

60. Le terme *psolos* signifie à la fois être circoncis ou avoir le pénis en érection. Voir Dover, 1983, pp. 12-13; Henderson, 1991, p. 105; pp. 110-111 et n. 17.

ΧΟ. Ἔστιν δὲ δὴ τί καὶ πόθεν τὸ πρᾶγμα τουθ' ὅ φησιν;

ΚΑ. Ἔχων ἀφῖκται δεῦρο πρεσβύτην τιν', ὦ πόνηροι,    265
ῥυπῶντα, κυφόν, ἄθλιον, ῥυσόν, μαδῶντα, νωδόν·
οἶμαι δὲ νὴ τὸν οὐρανὸν καὶ ψωλὸν αὐτὸν εἶναι.

ΧΟ. Ὦ χρυσὸν ἀγγείλας ἐπῶν, πῶς φῄς; πάλιν φράσον μοι.
Δηλοῖς γὰρ αὐτὸν σωρὸν ἥκειν χρημάτων ἔχοντα.

ΚΑ. Πρεσβυτικῶν μὲν οὖν κακῶν ἔγωγ' ἔχοντα σωρόν.    270

ΧΟ. Μῶν ἀξιοῖς φενακίσας ἔπειτ' ἀπαλλαγῆναι
ἀζήμιος, καὶ ταῦτ' ἐμοῦ βακτηρίαν ἔχοντος;

ΚΑ. Πάντως γὰρ ἄνθρωπον φύσει τοιοῦτον εἰς τὰ πάντα
ἡγεῖσθέ μ' εἶναι κοὐδὲν ἂν νομίζεθ' ὑγιὲς εἰπεῖν;

ΧΟ. Ὡς σεμνὸς οὑπίτριπτος. Αἱ κνῆμαι δέ σου βοῶσιν    275
ἰοὺ ἰού, τὰς χοίνικας καὶ τὰς πέδας ποθοῦσαι.'

ΚΑ. Ἐν τῇ σορῷ νυνὶ λαχὸν τὸ γράμμα σου δικάζειν,
σὺ δ' οὐ βαδίζεις; Ὁ δὲ Χάρων τὸ ξύμβολον δίδωσιν.

ΧΟ. Διαρραγείης. Ὡς μόθων εἶ καὶ φύσει κόβαλος,
ὅστις φενακίζεις, φράσαι δ' οὔπω τέτληκας ἡμῖν,    280
οἳ πολλὰ μοχθήσαντες οὐκ οὔσης σχολῆς προθύμως
δεῦρ' ἤλθομεν, πολλῶν θύμων ῥίζας διεκπερῶντες.

61. Durs d'oreille (voir *Acharniens*, 681; *Cavaliers*, 42-43) les vieillards entendent *chruson*, «or», là où Carion a dit *rhuson*, «ratatiné».

62. Le bâton n'est pas seulement un appui pour les vieillards; les Athéniens d'âge mûr l'utilisaient également pour se protéger la nuit des rôdeurs et des détrousseurs.

63. Les liens et les entraves étaient utilisés pour punir les esclaves et les malfaiteurs. Cf. Halm-Tisserant, 1998, pp. 69-63.

64. Allusion détournée à la plaquette que chaque juge athénien devait posséder pour que puisse se faire le tirage au sort qui l'assignerait à une des cours de justice devant siéger pour juger un délit. Chaque plaquette comportait une des 10 premières lettres de l'alphabet *(A-K)* correspondant chacune à une des tribus athéniennes (Aristote, *Constitution d'Athènes*, 63, 4).

65. Les morts devaient porter dans leur bouche des oboles (*Grenouilles*, 139-142) pour payer le nocher Charon (*Lysistrata*, 605-

LE CORYPHÉE.– Qu'est-ce enfin que cette affaire, et d'où tient-il ce qu'il dit?

CARION.– Il est arrivé amenant ici, drôles que vous êtes, un certain vieillard crasseux, voûté, piteux, ridé, chauve, édenté, et je crois, par le ciel, qu'il est même déprépucé[60].

LE CORYPHÉE.– Ô toi qui nous as annoncé de l'or en paroles, comment dis-tu? Répète un peu. Ainsi tu déclares qu'il est venu avec un tas de richesse?[61]

CARION.– Je dis plutôt, moi, avec un tas de maux séniles.

LE CORYPHÉE.– *(Menaçant.)* Penses-tu par hasard qu'après nous avoir mystifiés tu t'en tireras indemne, et cela quand j'ai là un bâton?[62]

CARION.– *(Calme et digne.)* En tous cas me tenez-vous pour un homme de cet acabit en toute circonstance, et croyez-vous que je ne puisse rien dire de sensé?

LE CORYPHÉE.– Qu'il fait le fier, ce pendard! Mais tes jambes crient «aïe! aïe!», en réclamant les liens et les entraves.[63]

CARION.– C'est le cercueil à présent que t'assigne la lettre tirée au sort, pour y juger[64]. Et tu ne marches pas? Charon t'offre le jeton[65].

LE CORYPHÉE.– Puisses-tu crever! Ô impudent que tu es et farceur de nature, qui nous mystifies et n'as pas encore eu le cœur de nous rien expliquer, à nous qui, après tant de fatigues, n'ayant pas de temps à perdre, sommes bravement venus ici, en passant à travers tant de plants de thym!

---

607; *Grenouilles*, 180 *sq.*) qui assurait le passage de l'Achéron reliant le monde des vivants et celui des morts. On retrouve donc ici une variation plaisante du motif. C'est Carion-Charon qui offre le jeton, *sumbolon* au lieu d'obole, pour que le vieillard aille plus vite chez Hadès. Sommerstein, *ad* v. 278, considère que le nom Charon est une plaisanterie sur le terme *archôn*, «archonte», étant donné que dans les tribunaux l'instruction des procès lui revenait de droit.

**ΚΑ.** Ἀλλ' οὐκέτ' ἂν κρύψαιμι. Τὸν Πλοῦτον γάρ, ὦνδρες, ἥκει
ἄγων ὁ δεσπότης, ὃς ὑμᾶς πλουσίους ποήσει.　285

**ΧΟ.** Ὄντως γὰρ ἔστι πλουσίοις ἡμῖν ἅπασιν εἶναι;

**ΚΑ.** Νὴ τοὺς θεούς, Μίδας μὲν οὖν, ἢν ὦτ' ὄνου λάβητε.

**ΧΟ.** Ὡς ἥδομαι καὶ τέρπομαι καὶ βούλομαι χορεῦσαι
ὑφ' ἡδονῆς, εἴπερ λέγεις ὄντως σὺ ταῦτ' ἀληθῆ.

**ΚΑ.** Καὶ μὴν ἐγὼ βουλήσομαι — θρεττανελο — τὸν Κύκλωπα　290
μιμούμενος καὶ τοῖν ποδοῖν ὡδὶ παρενσαλεύων
ὑμᾶς ἄγειν. Ἀλλ' εἶα, τέκεα, θαμίν' ἐπαναβοῶντες
βληχώμενοί τε προβατίων
αἰγῶν τε κιναβρώντων μέλη
ἕπεσθ' ἀπεψωλημένοι· τράγοι δ' ἀκρατιεῖσθε.　295

**ΧΟ.** Ἡμεῖς δέ γ' αὖ ζητήσομεν — θρεττανελο — τὸν Κύκλωπα
βληχώμενοι σὲ τουτονὶ πινῶντα καταλαβόντες,
πήραν ἔχοντα λάχανά τ' ἄγρια δροσερά, κραιπαλῶντα
ἡγούμενον τοῖς προβατίοις,
εἰκῇ δὲ καταδαρθόντα που　300
μέγαν λαβόντες ἡμμένον σφηκίσκον ἐκτυφλῶσαι.

66. Ce nom propre sert à désigner les riches. Un proverbe remontant
au moins à l'époque archaïque disait : « être plus riche que Midas »
(Tyrtée, 9, 6 D ; Platon, *République* 408 B ; *Lois*, 660 e ; Philemon, 159
K.-A.). Cf. Taillardat, 1965, § 544, pp. 314-315. Midas aurait demandé
aux dieux de lui accorder de transformer en or tout ce qu'il touchait ;
mais ce don a provoqué aussi sa mort, car la nourriture se transformait
en or dès qu'il la touchait. Voir Ovide, *Métamorphoses*, 11, 85-193.

67. Apollon aurait fait pousser des oreilles d'âne sur la tête de
Midas parce que ce roi préférait la flûte de Marsyas à sa lyre. Voir
Ovide, *Métamorphoses*, 11, 85-193 ; Hygin, *Fable*, 191.

68. Onomatopée qui imite le son de la lyre (*Guêpes* ; 1482 *sq.*). Voir
Philoxénos, fr. 819 *PMG*.

69. Aristophane se réfère ici au *Cyclope* ou à *Galatée*, du célèbre
Philoxénos de Cythère. Ce dithyrambe ( fr. 815-824 *PMG*), inspiré des

CARION.– Eh bien, je ne veux plus le cacher. C'est Ploutos, ô mes gens, que mon maître a amené, et qui va vous faire riches?

LE CORYPHÉE.– Se peut-il réellement que nous soyons tous riches?

CARION.– Oui, par les dieux; mieux: des Midas[66]...
*(À part)*, s'il vous vient des oreilles d'âne[67].

LE CORYPHÉE.– Ah! je suis ravi, je jubile, je veux danser de plaisir, si réellement tu dis la vérité.

CARION.– (Avec une mimique appropriée.) *Justement je veux – threttanélo[68] – imitant le Cyclope[69] et des deux pieds comme ceci battant le sol, vous conduire. Allons, courage, enfants, à tout instant criez après moi et, bêlant les mélodies des moutons et des chèvres à l'odeur forte, suivez, le gland découvert, et vous aurez un festin de boucs.*

LE CORYPHÉE.– (Même mimique.) *Et nous, de notre côté, nous chercherons– threttanélo – tout en bêlant, après avoir surpris le Cyclope que tu es, tout crasseux, portant une besace et des légumes sauvages humides de rosée, ivre tandis qu'il conduit ses moutons, et endormi au petit bonheur, nous tâcherons, avec un grand pieu embrasé, de l'aveugler[70].*

chants IX et X de l'*Odyssée*, avait pour sujet les amours du cyclope Polyphème et de la Néréide Galatée. Selon Élien, *VH* 12, 14, Philoxénos se moquait de Denys de Syracuse qui l'avait jeté en prison probablement à cause de sa maîtresse Galatée que le poète aurait séduite. N'ayant pas une bonne vue (Tzetzes, *ad Plut.* 290), Denys y était représenté sous les traits de Polyphème, sa maîtresse sous ceux de Galatée. Philoxénos se donnait le beau rôle d'Ulysse. Sur le *Cyclope* de Philoxenos et sa parodie chez Aristophane, voir Holtzinger, 1940, pp. 109-124; Pickard-Cambridge, *DTC*, 1962², pp. 45-46; Zimmermann, 1996, pp. 127-128; Hordern, 1999, pp. 445-455; Marshall, 2007, pp. 431-435; Livrea, 2004, pp. 41-46.

70. Voir *Odyssée*, IX, 382 *sq.*

**ΚΑ.** Ἐγὼ δὲ τὴν Κίρκην γε, τὴν τὰ φάρμακ' ἀνακυκῶσαν,
ἣ τοὺς ἑταίρους τοῦ — Φιλωνίδου ποτ' ἐν Κορίνθῳ
    ἔπεισεν ὡς ὄντας κάπρους
    μεμαγμένον σκῶρ ἐσθίειν, — αὐτὴ δ' ἔματτεν αὐτοῖς, —    305
    μιμήσομαι πάντας τρόπους·
    ὑμεῖς δὲ γρυλίζοντες ὑπὸ φιληδίας
    ἕπεσθε μητρί, χοῖροι.

**ΧΟ.** Οὐκοῦν σέ, τὴν Κίρκην γε, τὴν τὰ φάρμακ' ἀνακυκῶσαν
    καὶ μαγγανεύουσαν μολύνουσάν τε τοὺς ἑταίρους    310
    λαβόντες ὑπὸ φιληδίας
    τὸν Λαρτίου μιμούμενοι τῶν ὄρχεων κρεμῶμεν,
        μινθώσομέν θ' ὥσπερ τράγου
    τὴν ῥῖνα· σὺ δ' Ἀρίστυλλος ὑποχάσκων ἐρεῖς·
        « Ἕπεσθε μητρί, χοῖροι. »    315

**ΚΑ.** Ἀλλ' εἶά νυν τῶν σκωμμάτων ἀπαλλαγέντες ἤδη
    ὑμεῖς ἐπ' ἄλλ' εἶδος τρέπεσθ',
    ἐγὼ δ' ἰὼν ἤδη λάθρᾳ
    βουλήσομαι τοῦ δεσπότου
    λαβών τιν' ἄρτον καὶ κρέας    320
    μασώμενος τὸ λοιπὸν οὕτω τῷ κόπῳ ξυνεῖναι.

### ⟨ΧΟΡΟΥ⟩

**ΚΡ.** « Χαίρειν » μὲν ὑμᾶς ἐστιν, ὦνδρες δημόται,
    ἀρχαῖον ἤδη προσαγορεύειν καὶ σαπρόν·
    « ἀσπάζομαι » δ' ὁτιὴ προθύμως ἥκετε
    καὶ συντεταμένως κοὐ κατεβλακευμένως.    325
    Ὅπως δέ μοι καὶ τἆλλα συμπαραστάται
    ἔσεσθε καὶ σωτῆρες ὄντως τοῦ θεοῦ.

---

71. Allusion à *Odyssée*, X, 233-238 et 281 *sq.*
72. Il s'agit du même individu, cité au v. 179, dont le nom
remplace celui d'Ulysse. Dans ce sens, il faut comprendre que Circé
est la courtisane Laïs ou Naïs. Sur la courtisane comme sorcière, voir
M. Dickie, 2001, p. 84.

CARION.– *Mais moi, je ferai comme la Circé[71], celle qui mélangeait les drogues et qui, recevant les compagnons de… Philonidès[72] un jour à Corinthe, les amena, comme s'ils étaient des porcs, à manger de l'ordure pétrie – elle-même la leur pétrissait – je l'imiterai de toutes manières. Quant à vous, grognant de volupté, suivez votre mère, pourceaux.*

LE CORYPHÉE.– *Eh bien donc toi, la Circé, qui mélanges les drogues, opères des sortilèges et salis nos compagnons, nous te saisirons, de volupté imitant le fils de Laerte, nous te suspendrons par les testicules[73] et avec des excréments te frotterons, comme à un bouc, le nez. Toi, comme Aristyllos\*, la bouche entrebâillée, tu diras : « Suivez votre mère, pourceaux. »*

CARION.– Allons maintenant, faites trêve aux railleries désormais, et tournez-vous vers un jeu d'un autre genre. Pour moi, je veux, entrant là, prendre en cachette de mon maître un morceau de pain et de la viande, et tout en mâchant me mettre dorénavant à la besogne. *(Il entre.)*

DANSE DU CHŒUR[74]

CHRÉMYLE.– *(Sortant de chez lui.)* Vous dire « bonjour », ô gens de mon dème, est vieillot à présent et usé. Mais *(solennel)* je vous « salue » pour être venus empressés, les jarrets tendus et sans mollesse. Faites en sorte de me seconder aussi dans tout le reste et d'être réellement les sauveurs du dieu.

---

73. Dans l'*Odyssée*, suivant les conseils d'Hermès, Ulysse menace de tuer Circé avant de tomber sous son charme. Le chœur promet la mort à Carion-Circé-Laïs, une mort semblable à celle des animaux que l'on suspend par les pieds (ici les testicules). Sur ces vers, cf. Mureddu, 1982-1983, pp. 75-98.

74. Les manuscrits de la pièce indiquent l'intervention du chœur à ce moment de la pièce. Le terme *chorou*, selon certains spécialistes, doit être compris comme une danse du chœur, pour d'autres, *chorou melou*, comme un « chant du chœur ». Cf. Handley, 1953, pp. 55-61, Hunter, 1979, pp. 23-38 ; Perusino, 1987, pp. 61-72 ; Hamilton, 1991, pp. 346-355 ; Sommerstein, *ad v.* 321/322 ; Fernandez, 2002, p. 85.

ΧΟ.   Θάρρει· βλέπειν γὰρ ἄντικρυς δόξεις μ' Ἄρη.
      Δεινὸν γὰρ εἰ τριωβόλου μὲν οὕνεκα
      ὠστιζόμεσθ' ἕκάστοτ' ἐν τἠκκλησίᾳ,                    33ο
      αὐτὸν δὲ τὸν Πλοῦτον παρείην τῷ λαβεῖν.

ΧΡ.   Καὶ μὴν ὁρῶ καὶ Βλεψίδημον τουτονί
      προσιόντα· δῆλος δ' ἐστὶν ὅτι τοῦ πράγματος
      ἀκήκοέν τι τῇ βαδίσει καὶ τῷ τάχει.

**ΒΛΕΨΙΔΗΜΟΣ**

      Τί ἂν οὖν τὸ πρᾶγμ' εἴη ; Πόθεν καὶ τίνι τρόπῳ   335
      Χρεμύλος πεπλούτηκ' ἐξαπίνης ; Οὐ πείθομαι.
      Καίτοι λόγος γ' ἦν νὴ τὸν Ἡρακλέα πολὺς
      ἐπὶ τοῖσι κουρείοισι τῶν καθημένων,
      ὡς ἐξαπίνης ἀνὴρ γεγένηται πλούσιος.
      Ἔστιν δέ μοι τοῦτ' αὐτὸ θαυμάσιον, ὅπως            34ο
      χρηστόν τι πράττων τοὺς φίλους μεταπέμπεται.
      Οὔκουν ἐπιχώριόν γε πρᾶγμ' ἐργάζεται.

ΧΡ.   Ἀλλ' οὐδὲν ἀποκρύψας ἐρῶ μὰ τοὺς θεούς.
      Ὦ Βλεψίδημ', ἄμεινον ἢ χθὲς πράττομεν,
      ὥστε μετέχειν ἔξεστιν· εἶ γὰρ τῶν φίλων.           345

ΒΛ.   Γέγονας δ' ἀληθῶς, ὡς λέγουσι, πλούσιος ;

ΧΡ.   Ἔσομαι μὲν οὖν αὐτίκα μάλ', ἢν θεὸς θέλῃ.
      Ἔνι γάρ τις, ἔνι κίνδυνος ἐν τῷ πράγματι.

ΒΛ.   Ποῖός τις ;
ΧΡ.                 Οἷος —
ΒΛ.                        Λέγ' ἀνύσας ὅ τι φῂς ποτε.

ΧΡ.   ἢν μὲν κατορθώσωμεν, εὖ πράττειν ἀεί·               35ο
      ἢν δὲ σφαλῶμεν, ἐπιτετρῖφθαι τὸ παράπαν.


75. Voir n. 27.

76. Les boutiques des barbiers étaient aussi des lieux de réunion
propices aux ragots et à la propagation de rumeurs. Cf. *Oiseaux*, 1439-

Le coryphée.– Aie confiance; tu croiras voir en moi Arès tout de bon. Car il serait fort que pour trois oboles nous nous bousculions chaque fois à l'Assemblée[75] et que Ploutos en personne, je permisse à quelqu'un de me le prendre.

Chrémyle.– Justement je vois aussi Blepsidème que voilà qui vient à nous; il est clair qu'il a entendu parler de l'affaire à voir son allure et sa promptitude.

*Entre Blepsidème, affairé.*

Blepsidème.– Que peut-il donc s'être passé? Où et comment Chrémyle s'est-il enrichi tout d'un coup? Je n'y puis croire. Cependant, par Héraclès, il n'était bruit parmi les gens assis chez les barbiers[76] que de la soudaine fortune de notre homme. Mais cela même m'étonne, qu'ayant de bonheur il envoie chercher ses amis. Il n'est pas de ce pays du moins, ce procédé-là.

Chrémyle.– Eh bien, je parlerai sans rien cacher, par les dieux[77]. Blepsidème, nos affaires vont mieux qu'hier; et il t'est permis de partager, car tu es de mes amis.

Blepsidème.– Tu es devenu vraiment, comme on dit, riche?

Chrémyle.– Ou plutôt je le serai tout à l'heure, s'il plaît à Dieu. Car il y a bien, oui, il y a quelque risque dans l'affaire.

Blepsidème.– Lequel?

Chrémyle.– En ce sens que…

Blepsidème.– Dis vite ce que tu as à dire, enfin.

Chrémyle– Si nous réussissons, c'est le bonheur à jamais; mais si nous échouons, nous sommes perdus sans ressource.

---

1445; Eupolis, *Marikas*, fr. 194 K.-A.; Lysias, 23, *Contre Pancléon*, 3; 24, *Pour l'Invalide*, 19-20. Voir Lewis, 1995, pp. 432-441.

77. Parodie d'Euripide, *Phéniciennes*, 503.

## 38        ΠΛΟΥΤΟΣ

ΒΛ.  Τουτὶ πονηρὸν φαίνεται τὸ φορτίον
     καί μ᾽[7] οὐκ ἀρέσκει. Τό τε γὰρ ἐξαίφνης ἄγαν
     οὕτως ὑπερπλουτεῖν τό τ᾽ αὖ δεδοικέναι
     πρὸς ἀνδρὸς οὐδὲν ὑγιές ἐστ᾽ εἰργασμένου.   355

ΧΡ.  Πῶς οὐδὲν ὑγιές;
ΒΛ.              Εἴ τι κεκλοφὼς νὴ Δία
     ἐκεῖθεν ἥκεις ἀργύριον ἢ χρυσίον
     παρὰ τοῦ θεοῦ, κἄπειτ᾽ ἴσως σοι μεταμέλει.

ΧΡ.  Ἄπολλον ἀποτρόπαιε, μὰ Δί᾽ ἐγὼ μὲν οὔ.

ΒΛ.  Παῦσαι φλυαρῶν, ὦγάθ᾽· οἶδα γὰρ σαφῶς.   360

ΧΡ.  Σὺ μηδὲν εἰς ἔμ᾽ ὑπονόει τοιουτονί.

ΒΛ.  Φεῦ,
     ὡς οὐδὲν ἀτεχνῶς ὑγιές ἐστιν οὐδενός,
     ἀλλ᾽ εἰσὶ τοῦ κέρδους ἅπαντες ἥττονες.

ΧΡ.  Οὔ τοι μὰ τὴν Δήμητρ᾽ ὑγιαίνειν μοι δοκεῖς.

ΒΛ.  Ὡς πολὺ μεθέστηχ᾽ ὧν πρότερον εἶχεν τρόπων.   365

ΧΡ.  Μελαγχολᾷς, ὦνθρωπε, νὴ τὸν οὐρανόν.

ΒΛ.  Ἀλλ᾽ οὐδὲ τὸ βλέμμ᾽ αὐτὸ κατὰ χώραν ἔχει,
     ἀλλ᾽ ἐστὶν ἐπιδηλοῦν τι πεπανουργηκότα.

ΧΡ.  Σὺ μὲν οἶδ᾽ ὃ κρώζεις· ὡς ἐμοῦ τι κεκλοφότος
     ζητεῖς μεταλαβεῖν.
ΒΛ.           Μεταλαβεῖν ζητῶ; τίνος;   370

ΧΡ.  Τὸ δ᾽ ἐστὶν οὐ τοιοῦτον, ἀλλ᾽ ἑτέρως ἔχον.

---

78. Du sanctuaire de Delphes.

79. Voler les dieux est considéré par les Grecs comme un acte impie, passible de la peine de mort. À Athènes, ces délits étaient jugés devant l'Aréopage. Sur le vol d'objets sacrés *(hierosulia)*, voir Lysias 5, *Pour Callias*, 3 ; Démosthène, 22, *Contre Androtion*, 26-27. Cf. Whitehead, 2007, pp. 70-76.

BLEPSIDÈME.– Elle me paraît suspecte cette marchandise-là, et ne me plaît guère. Devenir ainsi tout à coup ultra-riche, et d'autre part craindre encore, cela est d'un homme qui n'a rien de bon sur la conscience.

CHRÉMYLE.– Comment rien de bon?

BLEPSIDÈME.– Peut-être es-tu revenu de là[78], par Zeus, coupable d'avoir volé au dieu de l'argent ou de l'or[79], et après, sans doute, tu as du remords.

CHRÉMYLE.– Apollon préservateur, non par Zeus, ce n'est pas mon cas.

BLEPSIDÈME.– Cesse tes sornettes, mon bon; je le sais pertinemment.

CHRÉMYLE.– Toi, prends garde de ne rien soupçonner de pareil sur mon compte.

BLEPSIDÈME.– Heu! Car il n'y a rien d'absolument bon chez personne. Mais l'appât du gain l'emporte chez tous.

CHRÉMYLE.– Non, vois-tu, par Déméter, tu ne me parais pas dans ton bon sens.

BLEPSIDÈME.– *(À part.)* Combien il est changé de ses manière d'autrefois!

CHRÉMYLE.– Tu es loufoque, l'homme par le ciel.

BLEPSIDÈME.– *(À part.)* Jusqu'à son regard qui ne reste pas en place, mais trahit celui qui a fait quelque mauvais coup.

CHRÉMYLE.– Toi, je sais ce que tu croasses; tu supposes que j'ai volé et tu cherches à recevoir ta part[80].

BLEPSIDÈME.– Je cherche à recevoir ma part? De quoi?

CHRÉMYLE.– Mais il n'en est pas ainsi; le cas est autre.

---

80. Allusion aux procédés des sycophantes qui portaient des accusations contre les coupables de vol des biens publics, espérant récupérer une part du magot. Pour un autre traitement des sycophantes, cf. *Acharniens*, 926-928. Voir aussi Harvey, 1990, pp. 100-102.

ΒΛ. Μῶν οὐ κέκλοφας, ἀλλ' ἥρπακας;
ΧΡ.          Κακοδαιμονᾷς.

ΒΛ. 'Αλλ' οὐδὲ μὴν ἀπεστέρηκάς γ' οὐδένα;

ΧΡ. Οὐ δῆτ' ἔγωγ'.

ΒΛ.     *Ω 'Ηράκλεις, φέρε, ποῖ τις ἂν
τράποιτο; Τἀληθὲς γάρ οὐκ ἐθέλει φράσαι.  375

ΧΡ. Κατηγορεῖς γὰρ πρὶν μαθεῖν τὸ πρᾶγμά μου.

ΒΛ. *Ω τᾶν, ἐγώ σοι τοῦτ' ἀπὸ σμικροῦ πάνυ
ἐθέλω διαπρᾶξαι πρὶν πυθέσθαι τὴν πόλιν,
τὸ στόμ' ἐπιβύσας κέρμασιν τῶν ῥητόρων.

ΧΡ. Καὶ μὴν φίλως γ' ἄν μοι δοκεῖς νὴ τοὺς θεοὺς  380
τρεῖς μνᾶς ἀναλώσας λογίσασθαι δώδεκα.

ΒΛ. 'Ορῶ τιν' ἐπὶ τοῦ βήματος καθεδούμενον
ἱκετηρίαν ἔχοντα μετὰ τῶν παιδίων
καὶ τῆς γυναικός, κοὐ διοίσοντ' ἀντικρυς
τῶν 'Ηρακλειδῶν οὐδ' ὁτιοῦν τῶν Παμφίλου.  385

ΧΡ. Οὔκ, ὦ κακόδαιμον, ἀλλὰ τοὺς χρηστοὺς μόνους
[ἔγωγε καὶ τοὺς δικαίους καὶ σώφρονας]
ἀπαρτὶ πλουτῆσαι ποήσω.

ΒΛ.        Τί σὺ λέγεις;
Οὕτω πάνυ πολλὰ κέκλοφας;

ΧΡ.          Οἴμοι τῶν κακῶν,
ἀπολεῖς.

ΒΛ.    Σὺ μὲν οὖν σεαυτόν, ὥς γ' ἐμοὶ δοκεῖς.  390

81. Allusion à la vénalité des orateurs, voir *Paix*, 644-647. Elle naît vraisemblablement de la pratique athénienne qui consistait à loger de menues pièces de monnaie dans la bouche à la manière d'un porte-monnaie (*Guêpes*, 607-609 ; *Anagyros*, fr. 48 K.-A.), ou de la coutume de placer une pièce de monnaie dans la bouche des morts, qui devaient s'acquitter des frais de passage vers l'au-delà. Cf. note 65.

82. Une mine équivaut à 100 drachmes.

83. Les Athéniens prévoyaient des réunions de l'assemblée du peuple où des suppliants pouvaient, rameau d'olivier à la main, introduire

BLEPSIDÈME.– Serait-ce qu'au lieu d'un larcin tu as volé par force ?

CHRÉMYLE.– Un mauvais esprit te possède.

BLEPSIDÈME.– Alors vraiment tu n'as rien pris à personne ?

CHRÉMYLE.– Non certainement.

BLEPSIDÈME.– O Héraclès ! Ah ça, où se tourner ? Car la vérité, il ne veut pas la dire.

CHRÉMYLE.– C'est que tu m'accuses avant de m'entendre.

BLEPSIDÈME.– Mon cher, je veux à très peu de frais t'arranger cela, avant qu'on le sache à la ville, en bourrant de menues pièces la bouche des orateurs[81].

CHRÉMYLE– Oui vraiment en ami tu me parais, par les dieux, vouloir dépenser trois mines[82] et en porter en compte douze.

BLEPSIDÈME.– Je vois quelqu'un qui ira s'asseoir sur la marche, un rameau d'olivier à la main, avec ses petits enfants et sa femme[83], et ne différera absolument pas des Héraclides[84] de Pamphilos*.

CHRÉMYLE.– Non pas, malheureux, mais ce sont les gens de bien seuls [ les justes et les sages] que dès maintenant je vais faire riches.

BLEPSIDÈME.– Que dis-tu ? As-tu volé tant que cela ?

CHRÉMYLE.– Ah ! que de misères ! Tu me feras mourir.

BLEPSIDÈME.– C'est toi plutôt qui te feras mourir, ce me semble.

---

leurs requêtes. Sur ce point, cf. Aristote, *Constitution d'Athènes*, 43, 6 ; Platon, *Apologie*, 34c-35d. Par ailleurs, pour mieux susciter la pitié de leurs concitoyens (ou des spectateurs), certains accusés n'hésitaient pas à présenter devant les tribunaux femmes et enfants en larmes. Ces procédés étaient bien rôdés, comme le suggère Aristophane, dans les *Guêpes*, 568-573 ; 975-978. Sur ce point, voir Gould, 1973, pp. 74-103 ; Milanezi, 2000, pp. 369-396.

84. Allusion à une peinture célèbre (représentant les Héraclides venus en suppliant à Athènes), qui se trouvait sur le Portique Poécile.

ΧΡ.  Οὐ δῆτ', ἐπεὶ τὸν Πλοῦτον, ὦ μόχθηρε σύ,
      ἔχω.

ΒΛ.      Σὺ Πλοῦτον; ποῖον;
ΧΡ.                    Αὐτὸν τὸν θεόν.

ΒΛ.  Καὶ ποῦ 'στιν;
ΧΡ.          Ἔνδον.
ΒΛ.             Ποῦ;
ΧΡ.                Παρ' ἐμοί.
ΒΛ.                    Παρὰ σοί;
ΧΡ.                      Πάνυ.

ΒΛ.  Οὐκ ἐς κόρακας; Πλοῦτος παρὰ σοί;
ΧΡ.                      Νὴ τοὺς θεούς.

ΒΛ.  Λέγεις ἀληθῆ;
ΧΡ.        Φημί.
ΒΛ.           Πρὸς τῆς Ἑστίας;      395

ΧΡ.  Νὴ τὸν Ποσειδῶ.
ΒΛ.          Τὸν θαλάττιον λέγεις;

ΧΡ.  Εἰ δ' ἔστιν ἕτερός τις Ποσειδῶν, τὸν ἕτερον.

ΒΛ.  Εἶτ' οὐ διαπέμπεις καὶ πρὸς ἡμᾶς, τοὺς φίλους;

ΧΡ.  Οὐκ ἔστι πω τὰ πράγματ' ἐν τούτῳ.
ΒΛ.                   Τί φής;
    Οὐ τῷ μεταδοῦναι;
ΧΡ.           Μὰ Δία· δεῖ γὰρ πρῶτα —
ΒΛ.                    Τί;  400

ΧΡ.  βλέψαι ποῆσαι νώ —
ΒΛ.          Τίνα βλέψαι; φράσον.

ΧΡ.  τὸν Πλοῦτον, ὥσπερ πρότερον, ἑνί γέ τῳ τρόπῳ.

ΒΛ.  Τυφλὸς γὰρ ὄντως ἐστί;
ΧΡ.             Νὴ τὸν οὐρανόν.

ΒΛ.  Οὐκ ἐτὸς ἄρ' ὡς ἔμ' ἦλθεν οὐδεπώποτε.
ΧΡ.  Ἀλλ' ἢν θεοὶ θέλωσι, νῦν ἀφίξεται.      405

85. Expression utilisée souvent dans la poésie comique et qui signifie « aller au diable ».

CHRÉMYLE– Non certes, puisque c'est Ploutos, méchant que tu es, que je possède.

BLEPSIDÈME.– Toi, Ploutos? Lequel?

CHRÉMYLE.– Lui-même, le dieu.

BLEPSIDÈME.– Et où est-il?

CHRÉMYLE.– À l'intérieur.

BLEPSIDÈME.– Où?

CHRÉMYLE.– Chez moi.

BLEPSIDÈME.– Chez toi?

CHRÉMYLE.– Parfaitement.

BLEPSIDÈME.– Veux-tu aller aux corbeaux[85]? Ploutos chez toi?

CHRÉMYLE– Oui, par les dieux.

BLEPSIDÈME.– Tu dis vrai?

CHRÉMYLE.– Je l'affirme.

BLEPSIDÈME.– Au nom d'Hestia?

CHRÉMYLE.– Oui, par Posidon.

BLEPSIDÈME.– Le maritime, dis-tu?

CHRÉMYLE– Et s'il est un autre Posidon, par cet autre.

BLEPSIDÈME.– Et tu ne l'envoies pas de tous côtés, chez nous, tes amis?

CHRÉMYLE.– Les choses n'en sont pas encore là.

BLEPSIDÈME.– Que dis-tu? Pas au point de partager?

CHRÉMYLE.– Non, par Zeus; car il faut tout d'abord…

BLEPSIDÈME.– Quoi?

CHRÉMYLE.– Que nous fassions qu'il voie, tous deux…

BLEPSIDÈME.– Qui doit voir? Explique.

CHRÉMYLE.– Ploutos, comme auparavant, par un moyen quelconque.

BLEPSIDÈME.– Il est donc réellement aveugle?

CHRÉMYLE.– Oui, par le ciel.

BLEPSIDÈME.– Pas étonnant alors qu'il ne soit jamais venu chez moi.

CHRÉMYLE.– Mais, s'il te plaît aux dieux, il y viendra maintenant.

**ΒΛ.**   Οὔκουν ἰατρὸν εἰσαγαγεῖν ἐχρῆν τινά;

**ΧΡ.**   Τίς δῆτ' ἰατρός ἐστι νῦν ἐν τῇ πόλει;
          Οὔτε γὰρ ὁ μισθὸς οὐδέν ἐστ' οὔθ' ἡ τέχνη.

**ΒΛ.**   Σκοπῶμεν.

**ΧΡ.**            'Αλλ' οὐκ ἔστιν.

**ΒΛ.**                          Οὐδ' ἐμοὶ δοκεῖ.

**ΧΡ.**   Μὰ Δί', ἀλλ' ὅπερ πάλαι παρεσκευαζόμην          410
          ἐγώ, κατακλίνειν αὐτὸν εἰς 'Ασκληπιοῦ
          κράτιστόν ἐστι.

**ΒΛ.**                  Πολὺ μὲν οὖν, νὴ τοὺς θεούς.
          Μή νυν διάτριβ', ἀλλ' ἄνυε πράττων ἕν γέ τι.

**ΧΡ.**   Καὶ δὴ βαδίζω.

**ΒΛ.**                Σπεῦδέ νυν.

**ΧΡ.**                              Τοῦτ' αὐτὸ δρῶ.


**ΠΕΝΙΑ**
          *Ὦ θερμὸν ἔργον κἀνόσιον καὶ παράνομον          415
          τολμῶντε δρᾶν ἀνθρωπαρίω κακοδαίμονε,
          ποῖ ποῖ τί φεύγετον; οὐ μενεῖτον;

**ΒΛ.**                                   'Ηράκλεις.

**ΠΕ.**   'Εγὼ γὰρ ὑμᾶς ἐξολῶ κακοὺς κακῶς·
          τόλμημα γὰρ τολμᾶτον οὐκ ἀνασχετόν,
          ἀλλ' οἷον οὐδεὶς ἄλλος οὐδεπώποτε          420
          οὔτε θεὸς οὔτ' ἄνθρωπος. "Ωστ' ἀπολώλατον.


86. Dans un grand nombre de cités grecques, les médecins étaient
payés par les fonds publics. Leur salaire était variable. Sur l'importance
des médecins publics, voir Jouanna, 2000, pp. 171-195 ; Samamma,
2003.

87. Le culte d'Asclépios a été, semble-t-il, introduit en Attique aux
alentours de 421-420 av. J.-C. Auparavant, les Athéniens devaient se
rendre à Égine pour consulter le dieu (*Guêpes*, 122-123). Au moment

BLEPSIDÈME.– Ne fallait-il pas lui amener un médecin?

CHRÉMYLE.– Quel médecin y a-t-il donc à présent dans la ville? Car le salaire y est nul, partant la profession[86].

BLEPSIDÈME.– *(Parcourant des yeux l'amphithéâtre.)* Regardons.

CHRÉMYLE.– *(Même jeu.)* Il n'y en a pas.

BLEPSIDÈME.– Je ne crois pas non plus.

CHRÉMYLE.– Non, par Zeus; mais, comme depuis longtemps j'y songeais, il faut le faire coucher dans le temple d'Asclépios[87]; c'est le mieux.

BLEPSIDÈME.– De beaucoup, sûrement, par les dieux. Ne tarde donc pas, mais finis-en de faire au moins quelque chose.

CHRÉMYLE.– J'y vais de ce pas.

BLEPSIDÈME.– Dépêche donc.

CHRÉMYLE.– C'est précisément ce que je fais.

> *Il veut sortir par la droite, mais rencontre Pauvreté dans un accoutrement sordide. Elle se dresse devant Chrémyle et Blepsidème, qui reculent vivement devant cette apparition.*

PAUVRETÉ.– Ô vous qui osez commettre un acte fou, impie, criminel, bonshommes de malheur, où allez-vous? Où? Pourquoi fuyez-vous? Voulez-vous bien rester?

BLEPSIDÈME.– Héraclès!

PAUVRETÉ.– C'est que moi je vous ferai périr, miséra bles, misérablement! Vous osez un attentat intolérable, tel que n'en osa personne d'autre au grand jamais, ni dieu, ni homme. Aussi c'est fait de vous.

---

de la représentation du *Ploutos*, ils pouvaient l'honorer soit au Pirée, et plus précisément à Zéa, soit sur le versant sud de l'Acropole. Cf. Robert, 1931, pp. 132-133; Garland, 1987, pp. 115-117; pp. 208-209; pp. 230-231; Aleshire, 1989, p. 13, p. 35; MacDowell, 1995, p. 135; Parke, 2005, pp. 52-53 (Athènes); pp. 38-39 (Pirée).

ΧΡ.    Σὺ δ' εἶ τίς; Ὠχρὰ μὲν γὰρ εἶναί μοι δοκεῖς.

ΒΛ.    Ἴσως Ἐρινύς ἐστιν ἐκ τραγῳδίας·
       βλέπει γέ τοι μανικόν τι καὶ τραγῳδικόν.

ΧΡ.    Ἀλλ' οὐκ ἔχει γὰρ δᾷδας.

ΒΛ.                          Οὐκοῦν κλαύσεται.          425

ΠΕ.    Οἴεσθε δ' εἶναι τίνα με;
ΧΡ.                          Πανδοκεύτριαν
       ἢ λεκιθόπωλιν. Οὐ γὰρ ἂν τοσουτονί
       ἐνέκραγες ἡμῖν οὐδὲν ἠδικημένη.

ΠΕ.    Ἄληθες; οὐ γὰρ δεινότατα δεδράκατον
       ζητοῦντες ἐκ πάσης με χώρας ἐκβαλεῖν;          430

ΧΡ.    Οὔκουν ὑπόλοιπόν σοι τὸ βάραθρον γίγνεται;
       Ἀλλ' ἥτις εἶ λέγειν σ' ἐχρῆν αὐτίκα μάλα.

ΠΕ.    Ἡ σφὼ ποήσω τήμερον δοῦναι δίκην
       ἀνθ' ὧν ἐμὲ ζητεῖτον ἐνθένδ' ἀφανίσαι.

ΒΛ.    Ἆρ' ἐστὶν ἡ καπηλὶς ἥκ τῶν γειτόνων,          435
       ἡ ταῖς κοτύλαις ἀεί με διαλυμαίνεται;

ΠΕ.    Πενία μὲν οὖν, ἡ σφῷν ξυνοικῶ πόλλ' ἔτη.

ΒΛ.    Ἄναξ Ἄπολλον καὶ θεοί, ποῖ τις φύγῃ;

---

88. *Ochra*, «pâle», «livide», souligne le manque de soleil, la peur, la terreur. Allusion au masque porté souvent par des personnages tragiques, Pollux, 133-142. Voir Bernabò-Brea, 1998, pp. 24-26. Sur Pénia, Newiger, 1961, pp. 427-430.

89. Allusion probable aux Érinyes qu'Eschyle avait mises en scène dans ses *Euménides*. Cf. Cantarella, 1970, 232. Pour l'iconographie des Érinyes, voir Sarian, 1986, pp. 25-35 et *LIMC* III, 1986, pp. 825-843.

90. Dans la comédie d'Aristophane, les aubergistes et les marchandes sont réputées pour leur mauvais caractère. Cf. *Guêpes*, 493-499; 1388-1414; *Lysistrata*, 457-458; 465-466; *Grenouilles*, 549-578; 857-858. Sur la question, cf. Henderson, 1981, pp.121-126.

91. *Lekithos* est soit un légume soit le jaune d'œuf, raison pour laquelle certains traduisent le terme *lekithopolin* par «marchande de purée» ou «marchande d'œufs» (Bétant *ad v.*). Le terme évoque le lécythe à fond blanc utilisé pour le culte des morts.

CHRÉMYLE.– Mais toi, qui es-tu? Car tu me parais livide[88].

BLEPSIDÈME.– Peut-être une Érinys tirée d'une tragédie[89]. Du moins son regard a quelque chose d'égaré et de tragique.

CHRÉMYLE.– Mais non, car elle n'a pas de torches.

BLEPSIDÈME.– Alors elle gémira.

PAUVRETÉ.– Qui croyez-vous que je sois?

CHRÉMYLE.– Une aubergiste[90] ou une marchande de purée[91]. Autrement tu ne pousserais pas de pareils cris contre nous qui ne t'avons rien fait.

PAUVRETÉ.– Vraiment? Et n'est-ce pas m'avoir traitée de la manière la plus indigne que de chercher à me chasser de partout?

CHRÉMYLE– Ne te reste-t-il pas le barathre[92]? Mais qui es-tu? Il fallait le dire tout à l'instant.

PAUVRETÉ.– Celle qui vous punira tous deux aujourd'hui, pour avoir voulu me faire disparaître d'ici.

BLEPSIDÈME.– Serait-ce le cabaretière du voisinage, qui avec ses cotyles toujours me fraude[93].

PAUVRETÉ.– Pauvreté[94] plutôt, qui habite avec vous depuis nombre d'années.

BLEPSIDÈME.– Seigneur Apollon, dieux, où fuir? *(Il s'enfuit.)*

92. À Athènes, il y avait un précipice par-dessus lequel on jetait certains criminels, comme les traîtres qui, du coup, étaient privés de sépulture. Le barathre était la fosse en forme de puits dans laquelle ils tombaient. Voir Cantarella, 1991, pp. 101-102 ; Halm-Tisserant, 1998, pp.151-155.

93. Le cotyle est une mesure de capacité équivalent à 0,27 litres. Les cabaretières comiques sont souvent présentées comme malhonnêtes et vénales : elles n'hésitent pas à mélanger le vin à de grandes quantités d'eau. Cf. *Thesmophories*, 347-349 ; Wilkins, 2001, p. 169 ; Arnott, 1996 ; Davidson, 1997, pp. 53-61.

94. Personnifiée, *Pénia*, apparaît pour la première fois chez Alcée, fr. 364 Loebel-Page. Voir aussi Théognis, I, 173 et 315 ; Hérodote, VIII, 111, 3.

ΧΡ.   Οὗτος, τί δρᾷς; Ὦ δειλότατον σὺ θηρίον,
      οὐ παραμενεῖς;
ΒΛ.                  Ἥκιστα πάντων.
ΧΡ.                                Οὐ μενεῖς;          440
      Ἀλλ' ἄνδρε δύο γυναῖκα φεύγομεν μίαν;
ΒΛ.   Πενία γάρ ἐστιν, ὦ πόνηρ', ἧς οὐδαμοῦ
      οὐδὲν πέφυκε ζῷον ἐξωλέστερον.
ΧΡ.   Στῆθ', ἀντιβολῶ σε, στῆθι.
ΒΛ.                              Μὰ Δί' ἐγὼ μὲν οὔ.
ΧΡ.   Καὶ μὴν λέγω, δεινότατον ἔργον παρὰ πολὺ     445
      ἔργων ἁπάντων ἐργασόμεθ', εἰ τὸν θεὸν
      ἔρημον ἀπολιπόντε ποι φευξούμεθα
      τηνδὶ δεδιότε, μηδὲ διαμαχούμεθα.
ΒΛ.   Ποίοισιν ὅπλοις ἢ δυνάμει πεποιθότε;
      Ποῖον γὰρ οὐ θώρακα, ποίαν δ' ἀσπίδα         450
      οὐκ ἐνέχυρον τίθησιν ἡ μιαρωτάτη;
ΧΡ.   Θάρρει· μόνος γὰρ ὁ θεὸς οὗτος οἶδ' ὅτι
      τροπαῖον ἂν στήσαιτο τῶν ταύτης τρόπων.
ΠΕ.   Γρύζειν δὲ καὶ τολμᾶτον, ὦ καθάρματε,
      ἐπ' αὐτοφώρῳ δεινὰ δρῶντ' εἰλημμένω;         455
ΧΡ.   Σὺ δ', ὦ κάκιστ' ἀπολουμένη, τί λοιδορεῖ
      ἡμῖν προσελθοῦσ' οὐδ' ὁτιοῦν ἀδικουμένη;
ΠΕ.   Οὐδὲν γάρ, ὦ πρὸς τῶν θεῶν, νομίζετε
      ἀδικεῖν με τὸν Πλοῦτον ποεῖν πειρωμένω
      βλέψαι πάλιν;
ΧΡ.                Τί οὖν ἀδικοῦμεν τοῦτό σε,         460
      εἰ πᾶσιν ἀνθρώποισιν ἐκπορίζομεν
      ἀγαθόν;
ΠΕ.           Τί δ' ἂν ὑμεῖς ἀγαθὸν ἐξεύροιθ';

95. Allusion à la panoplie que les citoyens devaient se procurer
pour se battre en tant qu'hoplites. La phalange hoplitique n'intégrait pas
ceux qui appartenaient à la quatrième classe censitaire athénienne; ces

CHRÉMYLE.– Hé toi, que fais-tu? Animal froussard, veux-tu bien rester près de moi?

BLEPSIDÈME.– Pas le moins du monde.

CHRÉMYLE.– Tu ne resteras pas? Et nous, deux hommes, nous fuyons devant une femme?

BLEPSIDÈME.– C'est qu'elle est Pauvreté, malheureux, et que nulle part la nature n'a produit animal plus funeste.

CHRÉMYLE.– Arrête, je t'en supplie, arrête.

BLEPSIDÈME.– Non, par Zeus, non.

CHRÉMYLE.– Et pourtant, je le dis, ce serait commettre l'acte de beaucoup le plus indigne de tous les actes, si, abandonnant le dieu à lui-même, nous allions fuir quelque part, par crainte de celle-ci, sans lutter jusqu'au bout.

BLEPSIDÈME.– En quelles armes, en quelle force avoir confiance? Est-il une cuirasse, est-il un bouclier qu'elle ne mette en gage, la scélérate[95]?

CHRÉMYLE.– Sois tranquille. Car à lui seul, ce dieu, je le sais, triompherait de tout ce que ferait cette femme.

PAUVRETÉ.– Et vous osez encore murmurer, couple de gredins, quand on vous a pris sur le fait à commettre une indignité?

CHRÉMYLE.– Et toi, digne de la plus mal mort, pourquoi viens-tu nous invectiver, sans qu'on te fasse le moindre mal?

PAUVRETÉ.– Est-ce donc ne me faire aucun mal, à votre sens, par les dieux, que de vous efforcer de rendre la vue à Ploutos?

CHRÉMYLE.– Et quoi? Est-ce te faire tort que de procurer du bien à tous les hommes?

PAUVRETÉ.– Et quel bien pouvez-vous inventer?

---

derniers pouvaient servir leur patrie en tant que rameurs ou fantassins légers, les peltastes. Mettre en gage ses armes suggère qu'un citoyen est sur le point de changer de classe censitaire.

ΧΡ.                                                    Ὅ τι;
        σὲ πρῶτον ἐκβαλόντες ἐκ τῆς Ἑλλάδος.

ΠΕ.     Ἔμ' ἐκβαλόντες; Καὶ τί ἂν νομίζετε
        κακὸν ἐργάσασθαι μεῖζον ἀνθρώποις;

ΧΡ.                                          Ὅ τι;          465
        εἰ τοῦτο δρᾶν μέλλοντες ἐπιλαθοίμεθα.

ΠΕ.     Καὶ μὴν περὶ τούτου σφῷν ἐθέλω δοῦναι λόγον
        τὸ πρῶτον αὐτοῦ· κἂν μὲν ἀποφήνω μόνην
        ἀγαθῶν ἀπάντων οὖσαν αἰτίαν ἐμὲ
        ὑμῖν δι' ἐμέ τε ζῶντας ὑμᾶς... — εἰ δὲ μή,          470
        ποεῖτον ἤδη τοῦθ' ὅ τι ἂν ὑμῖν δοκῇ.

ΧΡ.     Ταυτὶ σὺ τολμᾷς, ὦ μιαρωτάτη, λέγειν;

ΠΕ.     Καὶ σύ γε διδάσκου· πάνυ γὰρ οἶμαι ῥᾳδίως
        ἅπανθ' ἁμαρτάνοντά σ' ἀποδείξειν ἐγώ,
        εἰ τοὺς δικαίους φῂς ποήσειν πλουσίους.          475

ΧΡ.     Ὦ τύμπανα καὶ κύφωνες, οὐκ ἀρήξετε;

ΠΕ.     Οὐ δεῖ σχετλιάζειν καὶ βοᾶν πρὶν ἂν μάθῃς·

ΧΡ.     Καὶ τίς δύναιτ' ἂν μὴ βοᾶν ἰοὺ ἰοὺ
        τοιαῦτ' ἀκούων;

ΠΕ.                     Ὅστις ἐστὶν εὖ φρονῶν.

ΧΡ.     Τί δῆτά σοι τίμημ' ἐπιγράψω τῇ δίκῃ,          480
        ἐὰν ἁλῷς;

96. Propos qui correspondent aux discours sur la guerre au
IVᵉ siècle. Il ne s'agit pas d'éradiquer *Pénia* de la face de la terre,
mais uniquement de l'Hellade. Le propos est drôle également, parce
que les barbares, surtout les Perses, étaient réputés pour leur richesse.
D'une certaine façon, en disposant de la Richesse *(Ploutos)*, les dieux
exileraient *Pénia* chez les Perses qui ne l'avaient jamais connue.

97. Instruments de torture. Le bâton, *tumpanon*, est utilisé pour
châtier les esclaves (Halm-Tisserant, 1998, 122). Mais, ce terme évoque
aussi la planche à laquelle on attachait les condamnés par les mains et les
pieds jusqu'à ce qu'ils meurent asphyxiés. C'est probablement ce que les
anciens nommaient *apotumpanismos*. Cette peine frappait les assassins
et les grands criminels, comme les traîtres. Le *kophon, kuphon* est un

CHRÉMYLE.– Lequel? D'abord de t'expulser de l'Hellade[96].

PAUVRETÉ.– M'expulser! Et quel grand mal croyez-vous pouvoir faire aux hommes?

CHRÉMYLE.– Lequel? Si, différant de le faire, nous allions l'oublier.

PAUVRETÉ.– Eh bien, sur ce point même je veux bien tout d'abord vous dire mes raisons. Je démontrerai que seule je suis cause, moi, de tous les biens qui vous arrivent, et que c'est moi qui vous fais vivre; sinon, faites ce qui vous plaira.

CHRÉMYLE.– C'est ainsi que tu oses parler, scélérate?

PAUVRETÉ.– Oui, et toi laisse-toi instruire. Car je crois pouvoir montrer tout aisément que tu te trompes du tout au tout, si tu prétends enrichir les justes.

CHRÉMYLE.– Ô bâton et carcans[97], ne me viendrez-vous pas en aide?

PAUVRETÉ.– Il ne faut pas te plaindre ni crier avant de savoir[98].

CHRÉMYLE.– Et qui pourrait ne pas se récrier en entendant de pareilles choses?

PAUVRETÉ.– Quiconque est sensé.

CHRÉMYLE.– Quelle peine alors requerrai-je contre toi, si tu perds ta cause[99]?

---

joug en bois, semblable au *xulon*. Serré autour du cou, cet instrument de supplice devait peser sur la nuque et sur les épaules du condamné. Cet instrument était souvent utilisé pour supplicier les esclaves. Cf. Aristophane, *Cavaliers*, 1049 (allusion au bois à cinq trous); *Nuées*, 592, *Plutos*, 606; Cratinos, fr. 133 K.-A.; Aristote, *Politiques*, 1306 b2. Pollux, X, 40 et 177. Voir Gernet, 1924, pp. 261-293; Cantarella, 1991, pp. 101-102; Halm-Tisserant, pp. 1998, 86 et 154 *sq*.

98. Probable allusion aux propos que Néoptolème adresse à Philoctète chez Sophocle, *Philoctète*, 917.

99. En droit attique, la peine pouvait être fixée par la loi ou déterminée par les juges sur proposition de l'accusé ou de l'accusateur. Cf. Harrisson, 1978, II, p. 166; MacDowell, 1978, pp. 64-65; Todd, 1993, pp. 133-135.

ΠΕ.          Ὅ τι σοι δοκεῖ.

ΧΡ.                    Καλῶς λέγεις.

ΠΕ.   Τὸ γὰρ αὖτ', ἐὰν ἡττᾶσθε, καὶ σφὼ δεῖ παθεῖν.

ΧΡ.   Ἱκανοὺς νομίζεις δῆτα θανάτους εἴκοσιν;

ΒΛ.   Ταύτῃ γε· νῷν δὲ δύ' ἀποχρήσουσιν μόνω.

ΠΕ.   Οὐκ ἂν φθάνοιτε τοῦτο πράττοντες· τί γὰρ          485
       ἔχοι τις ἂν δίκαιον ἀντειπεῖν ἔτι;

ΧΟ.   Ἀλλ' ἤδη χρῆν τι λέγειν ὑμᾶς σοφὸν ᾧ νικήσετε τηνδὶ
       ἐν τοῖσι λόγοις ἀντιλέγοντες, μαλακὸν δ' ἐνδώσετε μηδέν.

ΧΡ.   Φανερὸν μὲν ἔγωγ' οἶμαι γνῶναι τοῦτ' εἶναι πᾶσιν ὁμοίως,
       ὅτι τοὺς χρηστοὺς τῶν ἀνθρώπων εὖ πράττειν ἐστὶ δίκαιον,     490
       τοὺς δὲ πονηροὺς καὶ τοὺς ἀθέους τούτων τἀναντία δήπου.
       Τοῦτ' οὖν ἡμεῖς ἐπιθυμοῦντες μόλις ηὕρομεν ὥστε γενέσθαι
       βούλευμα καλὸν καὶ γενναῖον καὶ χρήσιμον εἰς ἅπαν ἔργον.
       Ἢν γὰρ ὁ Πλοῦτος νυνὶ βλέψῃ καὶ μὴ τυφλὸς ὢν περινοστῇ,
       ὡς τοὺς ἀγαθοὺς τῶν ἀνθρώπων βαδιεῖται κοὐκ ἀπολείψει,     495
       τοὺς δὲ πονηροὺς καὶ τοὺς ἀθέους φευξεῖται· κᾆτα ποήσει
       πάντας χρηστοὺς — καὶ πλουτοῦντας δήπου — τά τε θεῖα
                                                              σέβοντας.
       Καίτοι τούτου τοῖς ἀνθρώποις τίς ἂν ἐξεύροι ποτ' ἄμεινον;

ΒΛ.   Οὐδείς· τούτου μάρτυς ἐγώ σοι· μηδὲν ταύτην γ' ἀνερώτα.

ΧΡ.   Ὡς μὲν γὰρ νῦν ἡμῖν ὁ βίος τοῖς ἀνθρώποις διάκειται,        500
       τίς ἂν οὐχ ἡγοῖτ' εἶναι μανίαν κακοδαιμονίαν τ' ἔτι μᾶλλον;
       Πολλοὶ μὲν γὰρ τῶν ἀνθρώπων ὄντες πλουτοῦσι πονηροί,
       ἀδίκως αὐτὰ ξυλλεξάμενοι· πολλοὶ δ' ὄντες πάνυ χρηστοὶ
       πράττουσι κακῶς καὶ πεινῶσιν μετὰ σοῦ τε τὰ πλεῖστα
                                                              σύνεισιν.

---

100. Expression utilisée par les orateurs pour faire ressortir la
gravité des crimes perpétrés par l'accusé. Cf. Lysias, 28, *Contre
Ergoclès*, 1 («mille morts»); Démosthène, 21, *Contre Medias*, 21.

101. Allusion aux procédés rhétoriques utilisés par les sophistes.
Cf. Torchio, 2001, p. 170.

PAUVRETÉ.– Celle que tu voudras.

CHRÉMYLE.– C'est bien parler.

PAUVRETÉ.– Car le même traitement, si vous perdez, vous aurez tous deux à le subir.

CHRÉMYLE.– Est-ce assez, penses-tu, de vingt morts[100]?

BLEPSIDÈME.– Pour elle, oui. Pour nous, deux suffiront, sans plus.

PAUVRETÉ.– Vous ne sauriez tarder à être servis. Car quelle juste raison pourrait-on m'opposer encore?

LE CORYPHÉE.– Allons, cette fois il vous faudrait tenir un discours habile, *(Montrant Pauvreté)* de quoi confondre celle-ci dans vos discours contradictoires[101]; mais de lâche concession, vous n'en ferez aucune.

CHRÉMYLE.– Une vérité claire à saisir, je pense, pour tous également, c'est que les honnêtes gens doivent être heureux, selon la justice, les méchants, les impies subir le sort contraire, naturellement. Nous donc, désirant qu'il en soit ainsi, nous avons enfin trouvé un dessein beau et généreux et applicable en toute circonstance. En effet, si Ploutos à présent voit clair, et qu'il n'aille plus, aveugle comme il est, errer à l'aventure, il ira chez les gens de bien et ne les quittera plus, tandis que les méchants et les impies, il les fuira; et alors il fera que tous seront honnêtes– et riches, naturellement– et respecteront les choses divines. *(À Pauvreté)* Eh bien, qui pourrait imaginer rien de meilleur pour les hommes?

BLEPSIDÈME.– Personne, je t'en suis garant, Ne l'interroge donc pas, celle là.

CHRÉMYLE.– Car, étant donné les conditions actuelles de la vie pour nous autres hommes, qui ne la tiendrait pour une folie ou mieux encore pour le jeu d'un génie malfaisant? En effet, nombre d'hommes, étant mauvais, sont riches de biens injustement amassés; nombre d'autres, tout à fait gens de bien, sont malheureux, souffrent la faim et *(S'adressant à Pauvreté)* sont le plus souvent avec toi. *(À Blepsidème)* Non, je le déclare, si jamais

Οὔκουν εἶναί φημ', εἰ παύσει ταύτην βλέψας ποθ'                    505
                                           ὁ Πλοῦτος,

ΠΕ.  'Αλλ', ὧ πάντων ῥᾷστ' ἀνθρώπων ἀναπεισθέντ' οὐχ ὑγιαίνειν
δύο πρεσβύτα, ξυνθιασῶτα τοῦ ληρεῖν καὶ παραπαίειν,
εἰ τοῦτο γένοιθ' ὃ ποθεῖθ' ὑμεῖς, οὔ φημ' ἂν λυσιτελεῖν σφῷν.
Εἰ γὰρ ὁ Πλοῦτος βλέψειε πάλιν διανείμειέν τ' ἴσον αὑτόν,                    5
οὔτε τέχνην ἂν τῶν ἀνθρώπων οὔτ' ἂν σοφίαν μελετῴη
οὐδείς· ἀμφοῖν δ' ὑμῖν τούτοιν ἀφανισθέντοιν ἐθελήσει
τίς χαλκεύειν ἢ ναυπηγεῖν ἢ ῥάπτειν ἢ τροχοποιεῖν,
ἢ σκυτοτομεῖν ἢ πλινθουργεῖν ἢ πλύνειν ἢ σκυλοδεψεῖν,
ἢ γῆς ἀρότροις ῥήξας δάπεδον καρπὸν Δηοῦς θερίσασθαι,                    5
ἣν ἐξῇ ζῆν ἀργοῖς ὑμῖν τούτων πάντων ἀμελοῦσιν;
ΧΡ.  Λῆρον ληρεῖς. Ταῦτα γὰρ ἡμῖν πάνθ' ὅσα νυνδὴ κατέλεξας
οἱ θεράποντες μοχθήσουσιν.
ΠΕ.                Πόθεν οὖν ἕξεις θεράποντας;
ΧΡ.  'Ωνησόμεθ' ἀργυρίου δήπου.
ΠΕ.             Τίς δ' ἔσται πρῶτον ὁ πωλῶν,
ὅταν ἀργύριον κἀκεῖνος ἔχῃ;
ΧΡ.              Κερδαίνειν βουλόμενός τις                    5
ἔμπορος ἥκων ἐκ Θετταλίας παρ' ἀπλήστων ἀνδραποδιστῶν.
ΠΕ.  'Αλλ' οὐδ' ἔσται πρῶτον ἀπάντων οὐδεὶς οὐδ' ἀνδραποδιστὴς
κατὰ τὸν λόγον ὃν σὺ λέγεις δήπου. Τίς γὰρ πλουτῶν ἐθελήσει

---

102. Au sens propre du terme, *thiasotai*, signifie «membres d'un thiase».

103. Pour un discours semblable, cf. Platon, *République*, 4, 421c8-422a3; David, 1984, pp. 41-42; Olson, 1990, p. 128, n. 20.

104. Ces vers sont probablement l'imitation d'un hymne. Déô est une forme poétique du nom de Déméter. Cf. *Hymne homérique à Déméter*, 47; 211; 492; Sophocle, *Antigone*, 1121; Euripide, *Suppliantes*, 290.

105. Peut-être allusion au grand nombre de dépendants ruraux, Pénestes, dont disposaient les Thessaliens (Aristophane, *Guêpes*,

Ploutos fait cesser celle-là en recouvrant la vue, se serait la meilleure voie pour procurer aux hommes les plus grands biens.

PAUVRETÉ.– Ô de tous les hommes les plus facilement amenés à sortir du bon sens, vous deux, vieillards, confrères[102] en radotage et en extravagance, s'il arrivait ce que vous désirez, je dis que vous n'y trouveriez pas votre compte. Car si Ploutos recouvrait la vue et se partageait entre tous également, il n'y aurait plus ni art chez les hommes ni industrie exercée par personne[103] : ces deux choses par vous une fois abolies, qui voudra être forgeron, construire des vaisseaux, coudre, être charron, cordonnier, briquetier, blanchisseur, tanneur ? Qui voudra,

> Du sol avec le soc briser la croûte dure
> Pour récolter les fruits que Déô nous procure[104],

s'il vous est permis de vivre oisifs sans vous soucier de tout cela ?

CHRÉMYLE.– Radotage ! tu radotes ! Tous ces travaux que tu viens d'énumérer, nos serviteurs en auront la peine.

PAUVRETÉ.– Comment donc auras-tu des serviteurs ?

CHRÉMYLE.– Nous les achèterons à prix d'argent, naturellement.

PAUVRETÉ.– Mais d'abord qui sera le vendeur, si celui-là aussi a de l'argent ?

CHRÉMYLE.– Quelque marchand avide de gain venu de Thessalie, pays d'insatiables trafiquants d'esclaves[105].

PAUVRETÉ.– Mais, d'abord et avant tout, il n'y aura plus même un seul trafiquant d'esclaves, d'après le discours que tu tiens, *(Avec ironie)* naturellement. Qui donc, une fois riche voudra risquer sa vie pour faire ce métier ?

---

1272-1273 : jeu de mots sur Pénestes/Pénia). Ces travailleurs ruraux acceptaient d'être dépendants dans la mesure où leur attachement à la terre qu'ils cultivaient leur était garanti. En d'autres termes, les Thessaliens seraient des vendeurs de pauvres.

κινδυνεύων περὶ τῆς ψυχῆς τῆς αὑτοῦ τοῦτο ποῆσαι;

"Ωστ' αὐτὸς ἀροῦν ἐπαναγκασθεὶς καὶ σκάπτειν τἄλλα τε    525
          μοχθεῖν

ὀδυνηρότερον τρίψεις βίοτον πολὺ τοῦ νῦν.

**ΧΡ.**                            'Ες κεφαλὴν σοί.

**ΠΕ.** "Ετι δ' οὐχ ἕξεις οὔτ' ἐν κλίνῃ καταδαρθεῖν, — οὐ γὰρ
                         ἔσονται, —

οὔτ' ἐν δάπισιν, — τίς γὰρ ὑφαίνειν ἐθελήσει χρυσίου ὄντος; —
Οὔτε μύροισιν μυρίσαι στακτοῖς ὁπόταν νύμφην ἀγάγησθον,
οὔθ' ἱματίων βαπτῶν δαπάναις κοσμῆσαι ποικιλομόρφων.    530
Καίτοι τί πλέον πλουτεῖν ἐστιν τούτων πάντων ἀποροῦντα ;
Παρ' ἐμοῦ δ' ἐστὶν ταῦτ' εὔπορα πάνθ' ὑμῖν ὧν δεῖσθον·
                      ἐγὼ γὰρ

τὸν χειροτέχνην ὥσπερ δέσποιν' ἐπαναγκάζουσα κάθημαι
διὰ τὴν χρείαν καὶ τὴν πενίαν ζητεῖν ὁπόθεν βίον ἕξει.

**ΧΡ.** Σὺ γὰρ ἂν πορίσαι τί δύναι' ἀγαθὸν πλὴν φῴδων ἐκ βαλανείου   535
καὶ παιδαρίων ὑποπεινώντων καὶ γραϊδίων κολοσυρτόν ;
Φθειρῶν τ' ἀριθμὸν καὶ κωνώπων καὶ ψυλλῶν οὐδὲ λέγω σοι
ὑπὸ τοῦ πλήθους, αἳ βομβοῦσαι περὶ τὴν κεφαλὴν ἀνιῶσιν,
ἐπεγείρουσαι καὶ φράζουσαι· « Πεινήσεις· ἀλλ' ἐπανίστω. »
Πρὸς δέ γε τούτοις ἀνθ' ἱματίου μὲν ἔχειν ῥάκος· ἀντὶ δὲ   540
                      κλίνης

στιβάδα σχοίνων κόρεων μεστήν, ἣ τοὺς εὕδοντας ἐγείρει·
καὶ φορμὸν ἔχειν ἀντὶ τάπητος σαπροῦ· ἀντὶ δὲ προσκεφαλαίου
λίθον εὐμεγέθη πρὸς τῇ κεφαλῇ· σιτεῖσθαι δ' ἀντὶ μὲν ἄρτων
μαλάχης πτόρθους, ἀντὶ δὲ μάζης φυλλεῖ' ἰσχνῶν ῥαφανίδων,
ἀντὶ δὲ θράνου στάμνου κεφαλὴν κατεαγότος, ἀντὶ δὲ μάκτρας   545
πιθάκνης πλευρὰν ἐρρωγυῖαν καὶ ταύτην· ἆρά γε πολλῶν
ἀγαθῶν πᾶσιν τοῖς ἀνθρώποις ἀποφαίνω σ' αἴτιον οὖσαν;

---

106. Les pauvres se chauffaient auprès des fourneaux des bains
publics. Voir *Ploutos*, 952-954.

107. Cf. *Grenouilles*, 114-115 (à propos des auberges). Pour un
renouveau de ce cliché, voir *Nuées*, 11-14 où Strepsiade ne peut dormir,
rongé qu'il est par ses dettes.

108. Lits de campagne, lits de pauvres ou d'esclaves dont l'exemple

Ainsi, contraint de labourer toi-même, de bêcher et faire les autres travaux pénibles, tu mèneras une vie bien plus douloureuse qu'à présent.

CHRÉMYLE.– Que cela te retombe sur la tête !

PAUVRETÉ.– Puis, tu ne pourras dormir ni dans un lit– il n'y en aura plus– ni sur des tapis– car qui voudra en tisser, s'il a de l'or?– Plus d'essences à répandre goutte à goutte sur l'épousée quand vous la conduirez chez son mari, ni d'étoffes aux teintes somptueuses et variées pour la parer. Et pourtant quel avantage y a-t-il d'être riche, si l'on est privé de toutes ces choses? Grâce à moi, au contraire, il vous est facile d'acquérir tout ce qui vous manque ; car moi, comme une maîtresse assise, je contrains l'artisan, par le besoin de l'indigence, à chercher le moyen de gagner sa vie.

CHRÉMYLE.– Toi, quel bien pourrais-tu procurer, si ce n'est les brûlures gagnées aux bains[106], des marmots souffrant la faim et de vieilles femmes toute une ribambelle? Le nombre de poux, de cousins, de puces[107], je ne t'en parle même pas, tant il y en a, qui par leur bourdonnement autour de nos têtes nous importunent, nous réveillent et nous disent : «Tu auras faim ; allons, lève-toi !» Oui, et outre tout cela, pour manteau avoir un haillon, pour lit une litière de joncs[108], pleine de punaises qui tiennent éveillés ceux qui veulent dormir ; pour tapis une natte pourrie, pour oreiller une grosse pierre sous la tête ; manger au lieu de pain de pousses de mauves, au lieu de galette des feuilles de maigres raves[109] ; pour escabeau avoir une tête de pot brisé, pour pétrin le flanc d'un tonnelet brisé lui aussi ; oui, ne te démontré-je pas que voilà une quantité de biens dont tu es cause pour tous les hommes?

le plus célèbre est celui des *Troyennes* d'Euripide, vv. 507-509, où Hécube doit se contenter d'une pierre pour reposer sa tête. Voir aussi Aristophane, *Paix*, 347, *Ploutos*, 633 ; Cratinos, fr. 68 K.-A. ; Eupolis, fr. 274 K.-A.

109. Nourriture pauvre, nourriture des pauvres. Cf. Hésiode, *Travaux et jours*, 40-41.

ΠΕ.　Σὺ μὲν οὐ τὸν ἐμὸν βίον εἴρηκας, τὸν τῶν πτωχῶν
　　　　　　　　　　　　　　　　　δ' ἐπεκρούσω.

ΧΡ.　Οὔκουν δήπου τῆς πτωχείας πενίαν φαμὲν εἶναι ἀδελφήν;

ΠΕ.　Ὑμεῖς γ' οἵπερ καὶ Θρασυβούλῳ Διονύσιον εἶναι ὅμοιον.　　55
　　　　Ἀλλ' οὐχ οὑμὸς τοῦτο πέπονθεν βίος οὐ μὰ Δί', οὐδέ γε
　　　　　　　　　　　　　　　　　μέλλει.
　　　　Πτωχοῦ μὲν γὰρ βίος, ὃν σὺ λέγεις, ζῆν ἐστιν μηδὲν ἔχοντα·
　　　　τοῦ δὲ πένητος ζῆν φειδόμενον καὶ τοῖς ἔργοις προσέχοντα,
　　　　περιγίγνεσθαι δ' αὐτῷ μηδέν, μὴ μέντοι μηδ' ἐπιλείπειν.

ΧΡ.　Ὡς μακαρίτην, ὦ Δάματερ, τὸν βίον αὐτοῦ κατέλεξας,　　55
　　　　εἰ φεισάμενος καὶ μοχθήσας καταλείψει μηδὲ ταφῆναι.

ΠΕ.　Σκώπτειν πειρᾷ καὶ κωμῳδεῖν τοῦ σπουδάζειν ἀμελήσας,
　　　　οὐ γιγνώσκων ὅτι τοῦ Πλούτου παρέχω βελτίονας ἄνδρας
　　　　καὶ τὴν γνώμην καὶ τὴν ἰδέαν. Παρὰ τῷ μὲν γὰρ ποδαγρῶντες
　　　　καὶ γαστρώδεις καὶ παχύκνημοι καὶ πίονές εἰσιν ἀσελγῶς,　　56
　　　　παρ' ἐμοὶ δ' ἰσχνοὶ καὶ σφηκώδεις καὶ τοῖς ἐχθροῖς ἀνιαροί.

ΧΡ.　Ἀπὸ τοῦ λιμοῦ γὰρ ἴσως αὐτοῖς τὸ σφηκῶδες σὺ πορίζεις.

ΠΕ.　Περὶ σωφροσύνης ἤδη τοίνυν περανῶ σφῷν κἀναδιδάξω
　　　　ὅτι κοσμιότης οἰκεῖ μετ' ἐμοῦ, τοῦ Πλούτου δ' ἐστὶν ὑβρίζειν.

ΧΡ.　Πάνυ γοῦν κλέπτειν κόσμιόν ἐστιν καὶ τοὺς τοίχους
　　　　　　　　　　　　　　　　　διορύττειν.　　56

[ΒΛ.　Νὴ τὸν Δί', εἰ δεῖ λαβεῖν αὐτόν, πῶς οὐχὶ κόσμιόν ἐστιν;]

---

110. Pour la gradation entre pauvreté et indigence, cf. Davies, 1984,
p. 4; pp. 9-14; McGlew, 2002, pp. 180-181; Torchio, *ad v.* 507-516,
particulièrement, p. 169.
　　　111. Allusion probable à Alcée, fr. 364 Loebel-Page.
　　　112. Cf. *Assemblée des Femmes*, 590-594.
　　　113. Aristophane reprend ici l'image qu'il donnait des combattants
de Marathon, dans la parabase des *Guêpes*, 1071-1090.

PAUVRETÉ.– Ce n'est pas ma vie que tu as décrite; c'est celle des mendiants que tu as daubée[110].

CHRÉMYLE.– Eh bien, naturellement, n'est-ce pas de la mendicité que nous disons la pauvreté sœur?[111]

PAUVRETÉ.– Vous, oui, les mêmes qui dites Denys* semblable à Thrasybule*? Mais ma vie à moi n'est pas de ce genre, non par Zeus, et ne le sera point. La vie de mendiant dont tu parles consiste à vivre sans rien avoir; celle du pauvre, à vivre en épargnant et en s'appliquant à ses travaux; à n'avoir aucun superflu, sans toutefois manquer du nécessaire.

CHRÉMYLE.– La bienheureuse vie, par Déméter, que tu nous décris là: épargner et peiner sans laisser seulement de quoi se faire enterrer![112]

PAUVRETÉ.– Tu essaies de railler et de me tourner en ridicule sans souci d'être sérieux; et tu ne sais pas que plus que Ploutos je rends les hommes supérieurs et pour l'esprit et pour le corps. Avec lui ils sont podagres, ventrus, épais de cuisses, gras insolemment; avec moi ils sont minces, à taille de guêpe et fâcheux pour les ennemis[113].

CHRÉMYLE.– C'est par la faim sans doute que tu leur procures cette taille de guêpe.

PAUVRETÉ.– Je passe maintenant à la santé morale et vous donnerai ce renseignement, que la décence habite avec moi, que le fait de Ploutos est le dérèglement[114].

CHRÉMYLE.– *(Ironique.)* Il est tout à fait décent, en effet, de voler et de percer des murailles[115].

[BLEPSIDÈME.– Oui, par Zeus, s'il faut n'être pas vu, comment ne serait-ce pas décent?]

---

114. Dans les *Nuées*, 1009 *sq.*, le discours juste souligne les dérèglements qui vont de pair avec l'injustice et qui sont aussi le fruit de la mollesse dont la richesse est responsable.

115. Le vol n'est pas la conséquence d'une faiblesse morale mais de la faim. Comme le disait Euripide, *Électre*, 375-376, la pauvreté est mère de tous les maux. Voir aussi Platon, *République*, 552d3-6; Aristote, *Politiques*, 1265b12.

**ΠΕ.** Σκέψαι τοίνυν ἐν ταῖς πόλεσιν τοὺς ῥήτορας, ὡς ὁπόταν μὲν
ὦσι πένητες, περὶ τὸν δῆμον καὶ τὴν πόλιν εἰσὶ δίκαιοι,
πλουτήσαντες δ' ἀπὸ τῶν κοινῶν παραχρῆμ' ἄδικοι γεγένηνται,
ἐπιβουλεύουσί τε τῷ πλήθει καὶ τῷ δήμῳ πολεμοῦσιν.                    5

**ΧΡ.** Ἀλλ' οὐ ψεύδει τούτων γ' οὐδέν, καίπερ σφόδρα βάσκανος οὖσα.
Ἀτὰρ οὐχ ἧττόν γ' οὐδὲν κλαύσει, — μηδὲν ταύτῃ γε κομήσῃς, —
ὁτιὴ ζητεῖς τοῦτ' ἀναπείθειν ἡμᾶς, ὡς ἔστιν ἄμεινον
πενία πλούτου.

**ΠΕ.**              Καὶ σύ γ' ἐλέγξαι μ' οὔπω δύνασαι περὶ τούτου,
ἀλλὰ φλυαρεῖς καὶ πτερυγίζεις.

**ΧΡ.**              Καὶ πῶς φεύγουσί σ' ἅπαντες;              5

**ΠΕ.** Ὅτι βελτίους αὐτοὺς ποιῶ. Σκέψασθαι δ' ἔστι μάλιστα
ἀπὸ τῶν παίδων· τοὺς γὰρ πατέρας φεύγουσι φρονοῦντας ἄριστα
αὐτοῖς. Οὕτω διαγιγνώσκειν χαλεπὸν πρᾶγμ' ἐστὶ δίκαιον.

**ΧΡ.** Τὸν Δία φήσεις ἆρ' οὐκ ὀρθῶς διαγιγνώσκειν τὸ κράτιστον·
κἀκεῖνος γὰρ τὸν πλοῦτον ἔχει.

**ΒΛ.**              Ταύτην δ' ἡμῖν ἀποπέμπει.              59

**ΙΕ.** Ἀλλ', ὦ Κρονικαῖς λήμαις ὄντως λημῶντες τὰς φρένας ἄμφω,
ὁ Ζεὺς δήπου πένεται, καὶ τοῦτ' ἤδη φανερῶς σε διδάξω.
Εἰ γὰρ ἐπλούτει, πῶς ἂν ποιῶν τὸν Ὀλυμπικὸν αὐτὸς ἀγῶνα
ἵνα τοὺς Ἕλληνας ἅπαντας ἀεὶ δι' ἔτους πέμπτου ξυναγείρει,
ἀνεκήρυττεν τῶν ἀσκητῶν τοὺς νικῶντας στεφανώσας              58
κοτίνου στεφάνῳ; Καίτοι χρυσῷ μᾶλλον ἐχρῆν, εἴπερ ἐπλούτει.

---

116. Lysias, 28, *Contre Ergoclès*, 6-7, exprime la même pensée,
quand il s'attaque à Ergoclès, stratège en même temps que Thrasybule en
390/389, accusé de corruption, de vol de biens publics et de trahison.

117. C'est-à-dire « tes efforts sont vains ou tu parles pour ne rien
dire ». Le verbe *pterugizein* s'applique aux oisillons qui battent des
ailes en tentant de voler sans succès (cf. *Cavaliers*, 522). Sur ce point,
voir Beta, 2004, p. 91.

118. Cette métaphore est également utilisée en *Nuées*, 398. Les
Athéniens évoquent le royaume de Cronos quand ils veulent parler de
ce qui est vieux, démodé, caduc. Dans les *Nuées*, cette idée est renforcée
par l'adjectif *bekkeselenos*, « prélunaire ».

PAUVRETÉ– Ainsi vois dans les cités les orateurs : tant qu'il sont pauvres, ils sont honnêtes envers le peuple et l'État ; mais une fois enrichis aux dépens du public, du coup, les voilà devenus malhonnêtes, ils conspirent contre le populaire et font la guerre à la démocratie[116].

CHRÉMYLE.– En ceci du moins tu ne mens pas d'un mot, bien que tu sois très mauvaise langue. Mais il ne t'en cuira pas moins– ne fais point pour cela la fière– de chercher à nous persuader que mieux vaut pauvreté que richesse.

PAUVRETÉ.– Et toi, tu ne peux toujours pas me réfuter sur ce point ; tu dis des niaiseries et bats des ailes[117].

CHRÉMYLE.– Et d'où vient que tous te fuient ?

PAUVRETÉ.– C'est que je les rends meilleurs. On peut le voir surtout chez les enfants. Ils fuient leurs pères, qui veulent leur plus grand bien. Tant c'est chose difficile de discerner ce qui est juste.

CHRÉMYLE.– Et Zeus, alors ? diras-tu qu'il ne sait pas discerner ce qui vaut le mieux ? Car lui aussi a la richesse.

BLEPSIDÈME.– *(Désignant Pauvreté.)* Et elle, il la relègue chez nous.

PAUVRETÉ.– Allons donc ! Vous dont vraiment une chassie du temps de Cronos aveugle l'esprit[118], tout les deux, apprenez que Zeus *(se tournant vers Chrémyle)* naturellement, est pauvre, et je vais clairement te le prouver. S'il était riche, comment, lorsque lui-même instituait le concours olympique où régulièrement il assemble l'Hellade entière tous les quatre ans, en proclamant les athlètes vainqueurs, leur décernait-il une couronne d'olivier sauvage[119] ? Pourtant il faudrait plutôt qu'elle fût d'or, s'il était riche.

---

119. Les vainqueurs étaient couronnés de laurier sauvage cueilli dans le bois sacré de l'Altis. Héraclès aurait rapporté cet arbre d'Asie à Olympie (Pindare, *Olympiques*, 3, 11-35).

**ΧΡ.** Οὔκουν τούτῳ δήπου δηλοῖ τιμῶν τὸν πλοῦτον ἐκεῖνος;
Φειδόμενος γὰρ καὶ βουλόμενος τούτου μηδὲν δαπανᾶσθαι,
λήροις ἀναδῶν τοὺς νικῶντας τὸν πλοῦτον ἐᾷ παρ' ἑαυτῷ.

**ΠΕ.** Πολὺ τῆς πενίας πρᾶγμ' αἴσχιον ζητεῖς αὐτῷ περιάψαι,     590
εἰ πλούσιος ὢν ἀνελεύθερός ἐσθ' οὑτωσὶ καὶ φιλοκερδής.

**ΧΡ.** Ἀλλὰ σέ (γ') ὁ Ζεὺς ἐξολέσειεν κοτίνου στεφάνῳ στεφανώσας.

**ΠΕ.** Τὸ γὰρ ἀντιλέγειν τολμᾶν ὑμᾶς ὡς οὐ πάντ' ἔστ' ἀγάθ' ὑμῖν
διὰ τὴν πενίαν.

**ΧΡ.**                         Παρὰ τῆς Ἑκάτης ἔξεστιν τοῦτο πυθέσθαι,
εἴτε τὸ πλουτεῖν εἴτε τὸ πεινῆν βέλτιον. Φησὶ γὰρ αὕτη     595
τοὺς μὲν ἔχοντας καὶ πλουτοῦντας δεῖπνον κατὰ μῆν'
                                        ἀποπέμπειν,
τοὺς δὲ πένητας τῶν ἀνθρώπων ἁρπάζειν πρὶν καταθεῖναι.
            Ἀλλὰ φθείρου καὶ μὴ γρύξῃς
            ἔτι μηδ' ὁτιοῦν.
            Οὐ γὰρ πείσεις, οὐδ' ἢν πείσῃς.     600

**ΠΕ.** Ὦ πόλις Ἄργους, κλύεθ' οἷα λέγει.

**ΧΡ.** Παύσωνα κάλει τὸν ξύσσιτον.

**ΠΕ.** Τί πάθω τλήμων;

**ΧΡ.** Ἔρρ' ἐς κόρακας θᾶττον ἀφ' ἡμῶν.

**ΠΕ.** Εἶμι δὲ ποῖ γῆς;     605

**ΧΡ.** Εἰς τὸν κύφων'· ἀλλ' οὐ μέλλειν
χρῆν σ', ἀλλ' ἀνύειν.

---

120. Les Athéniens «imitaient» Zeus quand ils décernaient des couronnes de feuillage aux individus qu'ils voulaient honorer. Celles en or étaient immédiatement consacrées à Athéna; en conséquence, elles ne sortaient pas du trésor où elles étaient conservées.

121. Hécate était honorée le dernier jour du mois (Athénée, 7, 325 a). Ses repas étaient composés de viande de chien (Aristophane, *Daitalès*, fr. 209 K.-A.) que Plutarque, *Moralia*, 290 d, associe aux sacrifices expiatoires et purificatoires (708 f-709a), et également de poisson bon marché (Antiphane, fr. 69, 14-15 K.-A. ; Charicleidès, fr. 1 K.-A.). Voler ou souiller (*Grenouilles*, 366) la nourriture consacrée

CHRÉMYLE.– Ne montre-t-il pas par là, naturellement, qu'il fait cas de la richesse, celui-là ? Il la ménage et n'en veut rien dépenser ; il met des babioles au front des vainqueurs et garde la richesse chez lui[120].

PAUVRETÉ.– Bien plus honteuse que la pauvreté est la chose que tu cherches à lui imputer, si, quoique riche, il est à ce point mesquin et avare.

CHRÉMYLE.– Eh bien, toi, Zeus puisse-t-il t'exterminer après t'avoir « d'olivier couronnée ».

PAUVRETÉ.– Dire que vous osez contester que tous les biens vous viennent par la pauvreté !

CHRÉMYLE.– C'est à Hécate qu'on peut demander lequel vaut mieux, être riche ou être pauvre. Car elle prétend que ceux qui possèdent et sont riches lui apportent un repas chaque mois, mais que les pauvre gens le ravissent avant qu'il soit déposé[121]. *(Sur un ton plus vif jusqu'à la fin de la scène.)* Mais crève et ne souffle plus le moindre mot. Tu ne me persuaderas pas, même si tu me persuades[122].

PAUVRETÉ.–

Cité d'Argos, entendez ce qu'il dit [123] !

CHRÉMYLE.– Invoque Pauson*, ton commensal.

PAUVRETÉ.– Que vais-je devenir, malheureuse ?

CHRÉMYLE.– Va-t-en aux corbeaux, plus vite, loin de nous.

PAUVRETÉ.– En quel lieu de la terre irai-je ?

CHRÉMYLE.– Au carcan. Allons, pas de retard, finis-en.

poisson bon marché (Antiphane, fr. 69, 14-15 K.-A. ; Charicleidès, fr. 1 K.-A.). Voler ou souiller (*Grenouilles*, 366) la nourriture consacrée aux divinités était considéré comme un acte impie. Cependant, selon Démosthène, 54, *Contre Conon*, 39, les pauvres n'étaient pas les seuls à voler ces repas ; à Athènes, la jeunesse dorée le faisait aussi. Cf. Johnston, 1991, pp. 281-282 ; Parker, 1990, p. 307.

122. Sur ce point, voir Introduction, pp. xx-xxi.

123. Selon certains spécialistes, le premier hémistiche, « cité

ΠΕ.  Ἦ μὴν ὑμεῖς γ' ἔτι μ' ἐνταυθοῖ
μεταπέμψεσθον.

ΧΡ.  Τότε νοστήσεις· νῦν δὲ φθείρου.                     610
Κρεῖττον γάρ μοι πλουτεῖν ἐστιν,
σὲ δ' ἐᾶν κλάειν μακρὰ τὴν κεφαλήν.

ΒΛ.  Νὴ Δί' ἐγὼ γοῦν ἐθέλω πλουτῶν
εὐωχεῖσθαι μετὰ τῶν παίδων
τῆς τε γυναικός, καὶ λουσάμενος                          615
λιπαρὸς χωρῶν ἐκ βαλανείου
τῶν χειροτεχνῶν
καὶ τῆς πενίας καταπαρδεῖν.

ΧΡ.  Αὕτη μὲν ἡμῖν ἡπίτριπτος οἴχεται.
Ἐγὼ δὲ καὶ σύ γ' ὡς τάχιστα τὸν θεὸν                    620
ἐγκατακλινοῦντ' ἄγωμεν εἰς Ἀσκληπιοῦ.

ΒΛ.  Καὶ μὴ διατρίβωμέν γε, μὴ πάλιν τις αὖ
ἐλθὼν διακωλύσῃ τι τῶν προὔργου ποεῖν.

ΧΡ.  Παῖ Καρίων, τὰ στρώματ' ἐκφέρειν ἐχρῆν
αὐτόν τ' ἄγειν τὸν Πλοῦτον, ὡς νομίζεται,             625
καὶ τἄλλ' ὅσ' ἐστὶν ἔνδον εὐτρεπισμένα.

⟨ΧΟΡΟΥ⟩

ΚΑ.  Ὦ πλεῖστα Θησείοις μεμυστιλημένοι
γέροντες ἄνδρες ἐπ' ὀλιγίστοις ἀλφίτοις,

124. La traduction suggère que *Pénia* est dépeinte comme une
femme qui vient de perdre un proche et qui se lance dans les premières
manifestations du deuil. Cependant, Chrémyle lui adresse une menace
ou une malédiction. Cf. *Guêpes*, 584 et *Lysistrata*, 520.

125. C'est-à-dire se moquer de tout. Cf. *Cavaliers*, 639, *Guêpes*,
619; *Paix*, 547.

126. Les fidèles qui consultaient Asclépios devaient se coucher,
c'est-à-dire pratiquer le rite de l'incubation, dans son sanctuaire. Le dieu
était censé visiter les malades tandis qu'ils dormaient et leur prodiguer
la guérison à laquelle ils aspiraient. Cf. Jouanna, 1997, p. 797; Dillon,
1997, pp. 159-160.

Pauvreté.– En vérité, vous me rappellerez un jour ici. *(Elle s'en va avec des gestes de désespoir.)*

Chrémyle.– Alors tu reviendras. Maintenant crève. Mieux vaut pour moi être riche et te laisser pousser de longs cris en te frappant la tête[124].

Blepsidème.– Et moi, par Zeus, je veux être riche pour me bien traiter avec mes enfants et ma femme, et pouvoir, au sortir du bain, tout luisant, péter au nez des artisans et de la pauvreté[125].

Chrémyle.– *(Plus calme.)* Nous en sommes débarrassés ; la maudite est partie. Toi et moi, au plus vite emmenons le dieu coucher dans le temple d'Asclépios[126].

Blepsidème.– Oui, et ne perdons pas de temps, de peur qu'on ne vienne encore nous empêcher de prendre quelqu'une des mesures utiles.

Chrémyle.– *(Appelant, à la porte de sa maison.)* Garçon Carion, tu devrais sortir les couvertures et conduire Ploutos lui-même, comme c'est l'usage, avec tout ce qui a été préparé à l'intérieur.

> *Carion sort de la maison portant un paquet et conduisant Ploutos de la main. Tous sortent par la droite.*

### DANSE DU CHŒUR

Carion.– O vous qui tant de fois aux fêtes de Thésée[127] étiez réduits à tremper le pain dans la soupe[128] et à faire

---

127. Au Vᵉ siècle, les *Theseia*, se déroulaient probablement en Pyanepsion (octobre-novembre). Elles auraient été instituées vers 470 av. J.-C., lorsque Cimon, fils de Miltiade, si l'on en croit Plutarque, *Cimon*, 8 et *Thésée*, 36,4, aurait rapporté de Skyros à Athènes les ossements du héros. Sur la question, cf. Calame, 1990, p. 430 *sq.*; Parker, 1996, p. 169 qui, par ailleurs, observe que nous trouvons dans le *Ploutos* la première référence à ces fêtes. Cf. Calame, 1990, pp. 292-293 ; Parker, 2005, pp. 480-484.

128. Les Anciens utilisaient des morceaux de pain en guise de cuiller pour manger la soupe. Pour l'*atharè*, voir aussi, Aristophane, *Geras*, fr. 136 K.-A.

ὡς εὐτυχεῖθ', ὡς μακαρίως πεπράγατε,
ἄλλοι θ' ὅσοις μέτεστι τοῦ χρηστοῦ τρόπου.            630

ΧΟ.   Τί δ' ἐστίν, ὦ βέλτιστε, τῶν σαυτοῦ φίλων ;
Φαίνει γὰρ ἥκειν ἄγγελος χρηστοῦ τινος.

ΚΑ.   Ὁ δεσπότης πέπραγεν εὐτυχέστατα,
μᾶλλον δ' ὁ Πλοῦτος αὐτός· ἀντὶ γὰρ τυφλοῦ
ἐξωμμάτωται καὶ λελάμπρυνται κόρας,            635
Ἀσκληπιοῦ παιῶνος εὐμενοῦς τυχών.

ΧΟ.   Λέγεις μοι χαράν, λέγεις μοι βοάν.

ΚΑ.   Πάρεστι χαίρειν, ἤν τε βούλησθ' ἤν τε μή.

ΧΟ.   Ἀναβοάσομαι τὸν εὔπαιδα καὶ
μέγα βροτοῖσι φέγγος Ἀσκληπιόν.            640

ΓΥΝΗ
Τίς ἡ βοή ποτ' ἐστίν ; Ἆρ' ἀγγέλλεται
χρηστόν τι ; Τοῦτο γὰρ ποθοῦσ' ἐγὼ πάλαι
ἔνδον κάθημαι περιμένουσα τουτονί.

ΚΑ.   Ταχέως, ταχέως φέρ' οἶνον, ὦ δέσποιν', ἵνα
καὐτὴ πίῃς, — φιλεῖς δὲ δρᾶσ' αὐτὸ σφόδρα, —            645
ὡς ἀγαθὰ συλλήβδην ἅπαντά σοι φέρω.

ΓΥ.   Καὶ ποῦ 'στιν ;

ΚΑ.                      Ἐν τοῖς λεγομένοις· εἴσει τάχα.

ΓΥ.   Πέραινε τοίνυν ὅ τι λέγεις ἀνύσας ποτέ.

ΚΑ.   Ἄκουε τοίνυν, ὡς ἐγὼ τὰ πράγματα
ἐκ τῶν ποδῶν εἰς τὴν κεφαλήν σοι πάντ' ἐρῶ.            650

ΓΥ.   Μὴ δῆτ' ἔμοιγ' εἰς τὴν κεφαλήν.

ΚΑ.                                        Μὴ τἀγαθὰ
ἃ νῦν γεγένηται ;

129. Les femmes portées vers le vin ou les femmes ivres sont un
*topos* de la comédie attique. Cf. *Nuées*, 555-556 ; *Lysistrata*, 112-114,
194-239 ; 465-466 ; *Thesmophories*, 347-348 ; 393 ; 630-633 ; 730 *sq.* ;
*Assemblée des femmes*, 132-157 ; *Thesmophories* II, fr. 334 K.-A.

maigre chère, vieillards, que vous avez de la chance ! Que vous êtes fortunés, vous et tous les autre qui ont en partage des mœurs honnêtes !

LE CORYPHÉE.– Qu'annonces-tu, excellent homme, au sujet de tes amis ? Tu parais être porteur de quelque bonne nouvelle.

CARION.– Le maître est au comble du bonheur, et plus encore Ploutos lui-même. Aveugle qu'il était,

> Il voit clair et ses yeux sont devenus brillants
> Par l'art d'Asclépios et ses soins bienveillants.

LE CORYPHÉE.– *(Exultant.)*

> Tu parles d'une joie ! et tu parles de cris !

CARION.– Il y a lieu de se réjouir, que vous le vouliez ou non.

LE CORYPHÉE.– *(Même ton.)*

> J'acclamerai le père aux bons gamins,
> Asclépios, le grand flambeau pour les humains !

> *La femme de Chrémyle sort de sa maison.*

LA FEMME.– Que peuvent bien signifier ces cris ? Est-ce l'annonce de quelque bonne nouvelle ? Car dans ce désir il y a longtemps que je suis assise à l'intérieur à attendre l'homme que voilà !

CARION.– Vite, vite, apporte du vin, maîtresse, afin que tu boives aussi – *(À part.)* ce que tu fais d'ailleurs bien volontiers[129] – car c'est tous les biens à la fois que je t'apporte.

LA FEMME.– Et où sont-ils ?

CARION.– Dans mes paroles. Tu vas le savoir.

LA FEMME.– Achève donc ce que tu veux dire, dépêche-toi enfin.

CARION.– Écoute donc ; je vais, des pieds à la tête, te conter toute l'affaire.

LA FEMME.– Oh non, ne m'adresse rien « à la tête ».

CARION.– Pas même les bonnes choses qui viennent d'arriver ?

ΓΥ.                        Μὴ μὲν οὖν τὰ πράγματα.

ΚΑ.    Ὡς γὰρ τάχιστ' ἀφικόμεθα πρὸς τὸν θεὸν
       ἄγοντες ἄνδρα τότε μὲν ἀθλιώτατον,
       νῦν δ' εἴ τιν' ἄλλον μακάριον κεὐδαίμονα,                    655
       πρῶτον μὲν αὐτὸν ἐπὶ θάλατταν ἤγομεν,
       ἔπειτ' ἐλοῦμεν.

ΓΥ.                        Νὴ Δί' εὐδαίμων ἄρ' ἦν
       ἀνὴρ γέρων ψυχρᾷ θαλάττῃ λούμενος.

ΚΑ.    Ἔπειτα πρὸς τὸ τέμενος ᾖμεν τοῦ θεοῦ.
       Ἐπεὶ δὲ βωμῷ πόπανα καὶ προθύματα                            660
       καθωσιώθη, πελανὸς Ἡφαίστου φλογί,
       κατεκλίναμεν τὸν Πλοῦτον, ὥσπερ εἰκὸς ἦν·
       ἡμῶν δ' ἕκαστος στιβάδα παρεκαττύετο.

ΓΥ.    Ἦσαν δέ τινες κἄλλοι δεόμενοι τοῦ θεοῦ;

ΚΑ.    Εἷς μέν γε Νεοκλείδης, ὅς ἐστι μὲν τυφλός,                  665
       κλέπτων δὲ τοὺς βλέποντας ὑπερηκόντικεν·
       ἕτεροί τε πολλοὶ παντοδαπὰ νοσήματα
       ἔχοντες. Ὡς δὲ τοὺς λύχνους ἀποσβέσας
       ἡμῖν παρήγγειλεν καθεύδειν τοῦ θεοῦ
       ὁ πρόπολος, εἰπών, ἤν τις αἴσθηται ψόφου,                    670
       σιγᾶν, ἅπαντες κοσμίως κατεκείμεθα.
       Κἀγὼ καθεύδειν οὐκ ἐδυνάμην, ἀλλά με
       ἀθάρης χύτρα τις ἐξέπληττε κειμένη
       ὀλίγον ἄπωθεν τῆς κεφαλῆς του γρᾳδίου,
       ἐφ' ἣν ἐπεθύμουν δαιμονίως ἐφερπύσαι.                       675
       Ἔπειτ' ἀναβλέψας ὁρῶ τὸν ἱερέα

130. Carion décrit ici les rites qui précèdent la consultation du dieu.
L'eau salée a des vertus purificatrices (Euripide, *Iphigénie en Tauride*,
1193). Si l'on en croit Pausanias, 5, 13, 3, les fidèles ne pouvaient
pas pénétrer dans le sanctuaire d'Asclépios à Épidaure, avant ce bain
purificateur. Cf. Dillon, 1997, pp. 159-160; Wells, 1998, p. 44; Parker
1990, p. 20.
   131. Carion fait allusion à des gâteaux ronds et plats, *popana*,
qu'on brûlait avec l'encens sur les autels. Le *pelanos* est une sorte de

LA FEMME.– Pas d'affaires, en tout cas.

CARION.– Aussitôt que nous fûmes arrivés près du dieu, conduisant notre homme alors bien misérable, aujourd'hui, si jamais homme le fut, fortuné et heureux, nous le menâmes d'abord à une source d'eau salée, puis nous le baignâmes[130].

LA FEMME.– Par Zeus, il devait être heureux, le vieillard, d'être baigné dans l'eau salée froide !

CARION.– Ensuite nous nous rendîmes dans l'enceinte du dieu. Et après que, sur un autel, gâteaux et offrandes eurent été consacrés[131]

> Et nos dons consumés par le feu d'Héphaistos,

Nous couchâmes Ploutos, comme il convenait, et chacun de nous s'arrangea un lit de feuillage.

LA FEMME.– Y avait-il encore d'autre gens qui priaient le dieu ?

CARION.– Oui, un notamment, Néoclidès*, qui est aveugle, mais qui pour voler dépasse les clairvoyants ; puis d'autres en quantité, avec toute espèce de maladies. Dès qu'ayant éteint les lampes le serviteur du dieu nous eut ordonné de dormir, en nous disant, si l'on percevait du bruit, de garder le silence, tous et en bon ordre nous nous couchâmes[132]. Pour moi, je ne pouvais dormir. Certaine marmite de bouillie me mettait hors de moi, posée non loin de la tête d'une petite vieille, et j'avais un sacré désir de me glisser vers elle. Puis, ayant levé les yeux, je vois le prêtre raflant les gâteaux ronds[133] et les figues

---

gâteau ou bouillie de fleur de farine qui, par la suite, est remplacé par une somme d'argent correspondant à la taxe de consultation oraculaire. Cf. $IG^3$ I 78, datée de 422 av. J.-C. ; Sokolowski, 1954, pp. 153-164.

132. Les fidèles sont tous réunis dans le *kommaiterion*, le lieu où ils devaient dormir en attendant la visite du dieu. Nous trouvons chez Aristophane la plus ancienne description d'une consultation oraculaire dans un sanctuaire d'Asclépios.

133. Pâtisserie de farine mêlée de fromage et de miel, dont Athénée, 14, 647d-e, fournit la recette.

τοὺς φθοῖς ἀφαρπάζοντα καὶ τὰς ἰσχάδας
ἀπὸ τῆς τραπέζης τῆς ἱερᾶς. Μετὰ τοῦτο δὲ
περιῆλθε τοὺς βωμοὺς ἅπαντας ἐν κύκλῳ,
εἴ που πόπανον εἴη τι καταλελειμμένον·                         680
ἔπειτα ταῦθ' ἥγιζεν εἰς σάκταν τινά.
Κἀγὼ νομίσας πολλὴν ὁσίαν τοῦ πράγματος
ἐπὶ τὴν χύτραν τὴν τῆς ἀθάρης ἀνίσταμαι.

ΓΥ.   Ταλάντατ' ἀνδρῶν, οὐκ ἐδεδοίκεις τὸν θεόν;

ΚΑ.   Νὴ τοὺς θεοὺς ἔγωγε, μὴ φθάσειέ με                   685
ἐπὶ τὴν χύτραν ἐλθὼν ἔχων τὰ στέμματα.
Ὁ γὰρ ἱερεὺς αὐτοῦ με προὐδιδάξατο.
Τὸ γρᾴδιον δ' ὡς ᾔσθετο δή μου τὸν ψόφον,
τὴν χεῖρ' ὑπῆρε· κᾆτα συρίξας ἐγὼ
ὀδὰξ ἐλαβόμην ὡς παρείας ὢν ὄφις.                           690
Ἡ δ' εὐθέως τὴν χεῖρα πάλιν ἀνέσπασεν,
κατέκειτό θ' αὑτὴν ἐντυλίξασ' ἡσυχῇ
ὑπὸ τοῦ δέους βδέουσα δριμύτερον γαλῆς.
Κἀγὼ τότ' ἤδη τῆς ἀθάρης πολλὴν ἔφλων·
ἔπειτ' ἐπειδὴ μεστὸς ἦν, ἀνεπαυόμην.                         695

ΓΥ.   Ὁ δὲ θεὸς ὑμῖν οὐ προσῄειν;
ΚΑ.                                           Οὐδέπω.
Μετὰ τοῦτο δ' ἤδη καὶ γέλοιον δῆτά τι
ἐποίησα. Προσιόντος γὰρ αὐτοῦ μέγα πάνυ
ἀπέπαρδον· ἡ γαστὴρ γὰρ ἐπεφύσητό μου.

ΓΥ.   Ἦ πού σε διὰ τοῦτ' εὐθὺς ἐβδελύττετο.               700

134. Les offrandes placées sur la *trapeza* remplaçaient les victimes
sanglantes et pouvaient être consommées par les desservants du dieu.
Dans certains cas, elles faisaient partie de leur émolument et leur
collecte était prescrite dans les lois sacrées, comme à Athènes, au
IVᵉ siècle (*LSG*, n° 28 et Le Guen, 1991, n° 46, avec commentaire). Pour
provoquer le rire, Carion suggère que la pauvreté est telle à Athènes que
même les prêtres ne respectent plus ce qui revient aux dieux. Cf. van
Straten, 1981, p. 86 ; Wells, 1998, p. 44.

sèches de la table sacrée[134]. Après quoi il va visiter tous les autels à la ronde, au cas où des fois quelque galette y aurait été laissée ; puis celles qu'il trouvait il les…consacrait en les fourrant dans un sac[135]. Moi, convaincu de la grande sainteté de mon acte, je me lève pour aller prendre la marmite à la bouillie.

LA FEMME.– O le plus misérable des hommes, tu ne craignais pas le dieu ?

CARION.– Si fait, par les dieux, j'avais peur qu'il ne fût avant moi à la marmite avec ses bandelettes[136]. Car son prêtre m'avait d'avance édifié. Or la petite vieille, au bruit que je fis, soulève son bras ; alors je siffle et le saisis avec les dents, comme si j'étais un serpent joufflu[137]. Mais elle aussitôt retire son bras, s'étend après s'être enveloppée, et se tient coite, non sans avoir, sous le coup de la peur, lâché un vent plus âcre que celui d'une belette. Et moi cette fois j'avalai une bonne partie de la bouillie, puis, quand je fus plein, je me reposai.

LA FEMME.– Et le dieu ne venait pas à vous ?

CARION.– Pas encore. Après cela, je fis quelque chose de bien plaisant. Comme il approchait, je fis un énorme pet, car mon ventre était tout ballonné[138].

LA FEMME.– Sans doute pour ce fait il te prit aussitôt en dégoût ?

---

135. La consécration qui passe souvent par le feu est ici remplacée par le vol. Le verbe *hagiazein* est donc utilisé métaphoriquement pour *harpazein*.

136. Les bandelettes étaient des offrandes aux dieux et aux morts. Sans doute Aristophane fait allusion aux bandelettes avec lesquelles Asclépios est représenté. Cf. Holtzmann, *LIMC* II, 1984 (*s.v.* Asclépios, n° 30, 56, 215, 335).

137. Asclépios était associé aux serpents joufflus inoffensifs qui, au même titre que les prêtres, l'aidaient à soigner les malades venant le consulter. Il pouvait à l'occasion prendre leur forme.

138. Les mêmes effets sont constatés chez ceux qui avalent de la bouillie des Pyanepsies. Voir Calame, 1990, p. 294.

ΚΑ.   Οὔκ, ἀλλ' 'Ιασὼ μέν τις ἀκολουθοῦσ' ἅμα
      ὑπηρυθρίασε χἠ Πανάκει' ἀπεστράφη
      τὴν ῥῖν' ἐπιλαβοῦσ'· οὐ λιβανωτὸν γὰρ βδέω.

ΓΥ.   Αὐτὸς δ' ἐκεῖνος;

ΚΑ.                   Οὐ μὰ Δί' οὐδ' ἐφρόντισεν.

ΓΥ.   Λέγεις ἄγροικον ἄρα σύ γ' εἶναι τὸν θεόν;      705

ΚΑ.   Μὰ Δί' οὐκ ἔγωγ', ἀλλὰ σκατοφάγον.

ΓΥ.                                      Αἲ τάλαν.

ΚΑ.   Μετὰ ταῦτ' ἐγὼ μὲν εὐθὺς ἐνεκαλυψάμην
      δείσας, ἐκεῖνος δ' ἐν κύκλῳ τὰ νοσήματα
      σκοπῶν περιῄει πάντα κοσμίως πάνυ.
      Ἔπειτα παῖς αὐτῷ λίθινον θυείδιον              710
      παρέθηκε καὶ δοίδυκα καὶ κιβώτιον.

ΓΥ.   Λίθινον;

ΚΑ.            Μὰ Δί' οὐ δῆτ', οὐχὶ τό γε κιβώτιον.

ΓΥ.   Σὺ δὲ πῶς ἑώρας, ὦ κάκιστ' ἀπολούμενε,
      ὃς ἐγκεκαλύφθαι φῄς;

ΚΑ.                        Διὰ τοῦ τριβωνίου·
      ὀπὰς γὰρ εἶχεν οὐκ ὀλίγας μὰ τὸν Δία.        715
      Πρῶτον δὲ πάντων τῷ Νεοκλείδῃ φάρμακον
      κατάπλαστον ἐνεχείρησε τρίβειν, ἐμβαλὼν
      σκορόδων κεφαλὰς τρεῖς Τηνίων. Ἔπειτ' ἔφλα
      ἐν τῇ θυείᾳ συμπαραμειγνύων ὀπὸν
      καὶ σχῖνον· εἶτ' ὄξει διέμενος Σφηττίῳ          720
      κατέπλασεν αὐτοῦ τὰ βλέφαρ' ἐκστρέψας, ἵνα
      ὀδυνῷτο μᾶλλον. Ὁ δὲ κεκραγὼς καὶ βοῶν

139. Aristophane présente ces deux jeunes filles comme des acolytes
du dieu. Cependant, Iaso, « la santé », et Panacée, « la guérison », sont
filles d'Asclépios.

140. En grec *skatophagon*, littéralement « mangeur d'excrément ».
Selon une scholie *ad v.* 706b, Aristophane ferait référence aux médecins
qui examinaient les excréments et l'urine de leurs patients. Cf. Wilkins,
2001, p. 29 et n. 98. Il n'en reste pas moins que *skatophagon* est une
injure.

CARION.– Non, mais Iaso qui le suivait du coup rougit légèrement, et Panacéa se détourna en se prenant le nez[139] ; car ce n'est pas de l'encens que mes vents.

LA FEMME.– Et lui, le dieu ?

CARION.– Par Zeus, il n'y fit même pas attention.

LA FEMME.– Alors tu parles d'un rustre de dieu.

CARION.– Non pas, par Zeus ; mais c'est un merdivore[140].

LA FEMME.– Ah ! misérable !

CARION.– Après cela, vite, je m'enveloppai, de frayeur, tandis que le dieu faisait sa ronde, examinant tous les cas avec la plus exacte attention. Puis un garçon plaça près de lui un petit mortier de pierre, un pilon et un coffret[141].

LA FEMME.– De pierre ?

CARION.– Non par Zeus, non ; pas le coffret du moins.

LA FEMME.– Et toi, comment voyais-tu cela, maudit pendard, puisque tu étais enveloppé, comme tu dis ?

CARION.– À travers mon manteau, qui a des trous, et pas un peu, par Zeus. Et avant toute chose, comme remède pour Néoclidès*, il se met à broyer un onguent : dans le mortier il jeta trois têtes d'ail de Ténos[142], qu'il écrasa ensuite en y mêlant du suc de figuier et de lentisque ; puis, ayant délayé le tout avec du vinaigre de Sphettos[143], il en induisit les paupières du malade qu'il avait retournées pour que la douleur fût plus cuisante. L'autre hur-

141. Le dieu, comme un médecin, fait transporter auprès de ses malades les outils qui lui permettront de fabriquer les médicaments adaptés aux différents cas.

142. Cet ail était très réputé dans l'Antiquité pour son âpreté. Voir aussi Beta, 2004, p. 198.

143. Dème de l'Attique, situé à l'est du mont Hymette, réputé pour son vinaigre ou pour l'«acidité» de ses habitants.

ἔφευγ' ἀνᾴξας· ὁ δὲ θεὸς γελάσας ἔφη·
« 'Ενταυθά νυν κάθησο καταπεπλασμένος,
ἵν' ἐπομνύμενον παύσω σε τὰς ἐκκλησίας. »          725

ΓΥ.     'Ως φιλόπολίς τίς ἐσθ' ὁ δαίμων καὶ σοφός.

ΚΑ.     Μετὰ ͅοῦτο τῷ Πλούτῳ 'τι παρεκαθέζετο,
καὶ πρῶτα μὲν δὴ τῆς κεφαλῆς ἐφήψατο,
ἔπειτα καθαρὸν ἡμιτύβιον λαβὼν
τὰ βλέφαρα περιέψησεν. 'Η Πανάκεια δὲ          730
κατεπέτασ' αὐτοῦ τὴν κεφαλὴν φοινικίδι
καὶ πᾶν τὸ πρόσωπον· εἶθ' ὁ θεὸς ἐπόππυσεν.
'Εξῃξάτην οὖν δύο δράκοντ' ἐκ τοῦ νεὼ
ὑπερφυεῖ τὸ μέγεθος.

ΓΥ.                                           *Ω φίλοι θεοί.

ΚΑ.     Τούτω δ' ὑπὸ τὴν φοινικίδ' ὑποδύνθ' ἡσυχῇ          735
τὰ βλέφαρα περιέλειχον, ὥς γέ μοὐδόκει·
καὶ πρίν σε κοτύλας ἐκπιεῖν οἴνου δέκα,
ὁ Πλοῦτος, ὦ δέσποιν', ἀνειστήκει βλέπων·
ἐγὼ δὲ τὼ χεῖρ' ἀνεκρότησ' ὑφ' ἡδονῆς
τὸν δεσπότην τ' ἤγειρον. 'Ο θεὸς δ' εὐθέως          740
ἡφάνισεν αὐτὸν οἵ τ' ὄφεις εἰς τὸν νεών.
Οἱ δ' ἐγκατακείμενοι παρ' αὐτῷ πῶς δοκεῖς
τὸν Πλοῦτον ἠσπάζοντο καὶ τὴν νύχθ' ὅλην
ἐγρηγόρεσαν, ἕως διέλαμψεν ἡμέρα.
'Εγὼ δ' ἐπῄνουν τὸν θεὸν πάνυ σφόδρα,          745
ὅτι βλέπειν ἐπόησε τὸν Πλοῦτον ταχύ,
τὸν δὲ Νεοκλείδην μᾶλλον ἐπόησεν τυφλόν.

ΓΥ.     Όσην ἔχεις τὴν δύναμιν, ὦναξ δέσποτα.
'Ατὰρ φράσον μοι, ποῦ' σθ' ὁ Πλοῦτος;

144. Le sourire d'Asclépios est souvent évoqué dans les récits de
guérison, inscrits sur la pierre à Épidaure (*IG* II² 4962 ; *IG* IV² 121), pour
souligner sa bonhomie, sa magnanimité à l'égard des fidèles parfois
ignorants ou incrédules. Cependant, ici le verbe *gelaô*, rire, introduit
l'idée que le dieu se moque de Néocleidès, démagogue et sycophante
chassieux.

lant et criant, veut fuir et bondit. Mais le dieu en riant[144]
lui dit : « Reste-là maintenant avec ton onguent ; je veux
t'empêcher désormais de faire des serments en prenant à
témoin les Assemblées. »

LA FEMME.– Qu'il est vraiment ami de la Cité, le dieu,
et plein de sagesse !

CARION.– Après, il s'assit encore auprès de Ploutos, et
tout d'abord il lui tâta la tête, ensuite, avec un linge bien
propre, il lui essuya le tour des paupières. Panacéa lui
couvrit la tête d'un voile pourpre et tout le visage. Alors
le dieu siffla[145] : et du temple s'élancèrent deux serpents
d'une taille prodigieuse[146].

LA FEMME.– *(Avec effroi.)* Dieux amis !

CARION.– Ceux-ci, s'étant glissés doucement sous le
voile pourpre, se mirent à le lécher tout autour des paupières, du moins à ce qu'il me semblait ; et, en moins de
temps que tu n'en mettrais à…vider dix cotyle de vin,
notre Ploutos, maîtresse, était debout voyant clair. Moi,
je battis des mains de joie, et réveillai le maître. Quant au
dieu, il s'éclipsa aussitôt avec les serpents dans le temple.
Ceux qui couchaient près de notre Ploutos, tu penses s'ils
l'embrassèrent : toute la nuit ils restèrent éveillés jusqu'au
point du jour. Moi, je louais le dieu tant et plus d'avoir
redonné la vue à notre Ploutos, si promptement, et, pour
ce qui est de Neoclidès, de l'avoir rendu plus aveugle.

LA FEMME.– Quelle puissance tu possèdes, ô seigneur
maître !– Mais, explique moi, où est le dieu Ploutos ?

---

145. Le sifflement du dieu est un appel adressé à ses serpents. Sur
ces animaux sacrés, voir Parker, 1996, p. 178.

146. Voir v. 690. Amphiaraos, héros honoré à Oropos, disposait
également de serpents guérisseurs. Cf. la pièce homonyme
d'Aristophane, fr. 28 K.-A. Sur les serpents d'Asclépios, voir aussi
Cratinos, *Trophonios*, fr. 241 K.-A. ; Plutarque, *Moralia*, 732 *sq.*

ΚΑ.                                             Ἔρχεται.

'Αλλ' ἦν περὶ αὐτὸν ὄχλος ὑπερφυὴς ὅσος.     750

Οἱ γὰρ δίκαιοι πρότερον ὄντες καὶ βίον

ἔχοντες ὀλίγον αὐτὸν ἠσπάζοντο καὶ

ἐδεξιοῦνθ' ἅπαντες ὑπὸ τῆς ἡδονῆς·

ὅσοι δ' ἐπλούτουν οὐσίαν τ' εἶχον συχνὴν

οὐκ ἐκ δικαίου τὸν βίον κεκτημένοι,     755

ὀφρῦς ξυνῆγον ἐσκυθρώπαζόν θ' ἅμα.

Οἱ δ' ἠκολούθουν κατόπιν ἐστεφανωμένοι

γελῶντες, εὐφημοῦντες· ἐκτυπεῖτο δὲ

ἐμβὰς γερόντων εὐρύθμοις προβήμασιν.

'Αλλ' εἶ', ἁπαξάπαντες ἐξ ἑνὸς λόγου     760

ὀρχεῖσθε καὶ σκιρτᾶτε καὶ χορεύετε·

οὐδεὶς γὰρ ὑμῖν εἰσιοῦσιν ἀγγελεῖ,

ὡς ἄλφιτ' οὐκ ἔνεστιν ἐν τῷ θυλάκῳ.

ΓΥ. Νὴ τὴν Ἑκάτην, κἀγὼ δ' ἀναδῆσαι βούλομαι

εὐαγγέλιά σε κριβανιτῶν ὁρμαθῷ     765

τοιαῦτ' ἀπαγγείλαντα.

ΚΑ.                    Μή νυν μέλλ' ἔτι,

ὡς ἄνδρες ἐγγύς εἰσιν ἤδη τῶν θυρῶν.

ΓΥ. Φέρε νυν, ἰοῦσ' εἴσω κομίσω καταχύσματα

ὥσπερ νεωνήτοισιν ὀφθαλμοῖς ἐγώ.

ΚΑ. 'Εγὼ δ' ἀπαντῆσαί γ' ἐκείνοις βούλομαι.     770

---

147. Parodie d'un vers tragique, probablement d'Euripide, fr. 622 *TrGF* adespota = 1128 b J.-V.L. *Embas*, « soulier », est un terme prosaïque. Ce type de chaussure bon marché en feutre et en cuir était portée par les Béotiens et par les vieillards.

CARION.– Il vient. Mais il y avait autour de lui une foule prodigieuse. Car ceux qui auparavant étaient justes et vivaient de peu l'embrassaient et lui prenaient tous la main sous le coup de la joie ; tandis que tous les riches et les possesseurs de grosse fortune acquise en dehors de la justice fronçaient les sourcils, et leur regard s'assombrissait en même temps. Les autres le suivaient la tête ceinte de couronnes, riant, avec de bonnes paroles.

> Et résonnait sur la terre frappée
> Le soulier des vieillards en leur marche rythmée[147].

Mais allons, tous ensemble, tous sans distinction, dansez, bondissez, formez de chœurs. Car personne, à votre retour chez vous, ne vous annoncera qu'il n'y a point de farine dans le sac[148].

LA FEMME.– Par Hécate ! moi aussi je veux pour la bonne nouvelle te couronner d'une guirlande de petits fours, porteur d'un tel message.

CARION.– Ne tarde donc plus ; car nos gens sont déjà près de notre porte.

LA FEMME.– Allons, je rentre chercher des dons de bienvenue pour les yeux comme on fait pour des esclaves nouvellement achetés[149]. *(Elle rentre.)*

CARION.– *(Aux spectateurs.)* Et moi, je veux aller à leur rencontre. *(Il sort par la droite.)*

---

148. L'abondance de farine d'orge souligne ici le passage du royaume de la pauvreté à celui de Ploutos.

149. L'accueil d'un nouvel esclave dans la maison de son maître donnait lieu au rite d'inclusion. La maîtresse de maison devait lancer sur la tête de l'arrivant des graines et des friandises. Cf. Paradiso, 1987, pp. 259-260.

ΧΟΡΟΥ

ΠΛ. Καὶ προσκυνῶ γε πρῶτα μὲν τὸν ἥλιον,
ἔπειτα σεμνῆς Παλλάδος κλεινὸν πέδον
χώραν τε πᾶσαν Κέκροπος ἥ μ' ἐδέξατο.
Αἰσχύνομαι δὲ τὰς ἐμαυτοῦ συμφοράς,
οἵοις ἄρ' ἀνθρώποις ξυνὼν ἐλάνθανον,          775
τοὺς ἀξίους δὲ τῆς ἐμῆς ὁμιλίας
ἔφευγον, εἰδὼς οὐδέν. *Ω τλήμων ἐγώ,
ὡς οὔτ' ἐκεῖν' ἄρ' οὔτε ταῦτ' ὀρθῶς ἔδρων.
'Αλλ' αὖ τὰ πάντα πάλιν ἀναστρέψας ἐγὼ
δείξω τὸ λοιπὸν πᾶσιν ἀνθρώποις ὅτι          780
ἄκων ἐμαυτὸν τοῖς πονηροῖς ἐπεδίδουν.

ΧΡ. Βάλλ' ἐς κόρακας. Ὡς χαλεπόν εἰσιν οἱ φίλοι
οἱ φαινόμενοι παραχρῆμ' ὅταν πράττῃ τις εὖ.
Νύττουσι γὰρ καὶ φλῶσι τἀντικνήμια,
ἐνδεικνύμενος ἕκαστος εὔνοιάν τινα.          785
'Εμὲ γὰρ τίς οὐ πρόσειπε; Ποῖος οὐκ ὄχλος
περιεστεφάνωσεν ἐν ἀγορᾷ πρεσβυτικός;

ΓΥ. *Ω φίλτατ' ἀνδρῶν, καὶ σὺ καὶ σύ, χαίρετον.
Φέρε νυν, — νόμος γάρ ἐστι, — τὰ καταχύσματα
ταυτὶ καταχέω σου λαθοῦσα.

ΠΛ.                     Μηδαμῶς.          790
'Εμοῦ γὰρ εἰσιόντος εἰς τὴν οἰκίαν
πρώτιστ' ἀναβλέψαντος οὐδὲν ἐκφέρειν
πρεπῶδές ἐστιν, ἀλλὰ μᾶλλον εἰσφέρειν.

ΓΥ. Εἶτ' οὐχὶ δέξει δῆτα τὰ καταχύσματα;

---

150. Allusion à la divinité poliade d'Athènes, Athéna, et au premier
roi mythique de la cité, Cécrops. Dans ces vers, le poète parodie les
invocations à des éléments naturels, comme le soleil, le salut aux cités,
tels qu'on les retrouve dans la poésie dramatique (Eschyle, *Perses*, 249 ;
Aristophane, *Nuées*, 299-313.

151. Parodie des scènes tragiques où la femme accueille son époux
(Euripide, *Hélène*, 625).

DANSE DU CHŒUR

*Par la droite s'avance Ploutos.*

PLOUTOS.– Oui, tout d'abord j'adore le soleil, ensuite l'illustre sol de l'auguste Pallas et le pays entier de Cécrops qui m'accueillit[150]. J'ai honte de mes malheurs en pensant de quels hommes je faisais ma société à mon insu, alors que ceux qui étaient dignes de ma fréquentation, je les fuyais, sans le savoir. Malheureux que j'étais ! Comme, et en ceci et en cela, mauvaise était ma conduite. Mais en tout prenant le contrepied, je montrerai désormais à tous les hommes que c'est contre mon gré que je me donnais aux méchants.

CHRÉMYLE.– *(Débouchant de la même parodos, et criant à la cantonade.)* Ouste, aux corbeaux ! *(Entrant dans l'Orchestra.)* Quelle chose fâcheuse que ces amis qui apparaissent tout à coup lorsqu'on réussit ! Ils vous cognent des coudes et vous contusionnent les tibias, chacun voulant donner quelque marque de bienveillance. Car qui ne m'a salué ? Quelle foule n'a fait cercle autour de moi sur la place ? Ah ! ces vieux !

*La femme de Chrémyle sort de sa maison au moment où son mari se dispose à y entrer avec Ploutos. Elle apporte des figues et autres fruits secs.*

LA FEMME.– *(À Chrémyle.)* O le plus cher des hommes[151]. *(À Chrémyle et à Ploutos)* Toi, et toi aussi, salut à tous deux !– *(À Ploutos)* Voyons, car c'est la coutume, que je prenne ces dons de bienvenue et les répande sur toi.

PLOUTOS.– Nullement. Lorsque j'entre dans votre maison pour la première fois après avoir recouvré la vue, il convient que je n'en emporte rien, mais plutôt que j'y apporte.

LA FEMME.– Alors tu n'accepteras pas ces présents ?

ΠΛ.   Ἔνδον γε παρὰ τὴν ἑστίαν, ὥσπερ νόμος.          795
      Ἔπειτα καὶ τὸν φόρτον ἐκφύγοιμεν ἄν.
      Οὐ γὰρ πρεπῶδές ἐστι τῷ διδασκάλῳ
      ἰσχάδια καὶ τρωγάλια τοῖς θεωμένοις
      προβαλόντ᾽, ἐπὶ τούτοις εἶτ᾽ ἀναγκάζειν γελᾶν.

ΓΥ.   Εὖ πάνυ λέγεις· ὡς Δεξίνικός γ᾽ οὑτοσὶ          800
      ἀνίσταθ᾽ ὡς ἁρπασόμενος τὰς ἰσχάδας.

                    ΧΟΡΟΥ

ΚΑ.   Ὡς ἡδὺ πράττειν, ἄνδρές, ἐστ᾽ εὐδαιμόνως,
      καὶ ταῦτα μηδὲν ἐξενεγκόντ᾽ οἴκοθεν.
      Ἡμῖν γὰρ ἀγαθῶν σωρὸς εἰς τὴν οἰκίαν
      ἐπεισπέπαικεν οὐδὲν ἠδικηκόσιν.                 805 a
      Οὕτω τὸ πλουτεῖν ἐστιν ἡδὺ πρᾶγμα δή.          805 b
      Ἡ μὲν σιπύη μεστή 'στι λευκῶν ἀλφίτων,
      οἱ δ᾽ ἀμφορῆς οἴνου μέλανος ἀνθοσμίου.
      Ἅπαντα δ᾽ ἡμῖν ἀργυρίου καὶ χρυσίου
      τὰ σκευάρια πλήρη 'στίν, ὥστε θαυμάσαι.
      Τὸ φρέαρ δ᾽ ἐλαίου μεστόν· αἱ δὲ λήκυθοι       810
      μύρου γέμουσι, τὸ δ᾽ ὑπερῷον ἰσχάδων.
      Ὀξὶς δὲ πᾶσα καὶ λοπάδιον καὶ χύτρα
      χαλκῆ γέγονε· τοὺς δὲ πινακίσκους τοὺς σαπροὺς
      τοὺς ἰχθυηροὺς ἀργυροῦς πάρεσθ᾽ ὁρᾶν.

152. Allusion au rite d'intégration qui se faisait auprès du foyer familial. Cf. Paradiso, 1987, pp. 259-260.

153. Aristophane reprend ici une critique qu'il fit à ces rivaux (*Guêpes*, 54-66; *Paix*, 762-764; *Nuées*, 296-298; 537-544), dont les plaisanteries de mauvais goût sont associées à celles provenant de Mégare, réputées pour leur vulgarité.

154. Cette tirade qui suit est probablement une parodie de l'*Inachos* de Sophocle, fr. 275 Radt. Nous lisons ici une description de l'*automatos bios* ou du pays de Cocagne tel que les poètes comiques aimaient à le peindre (Athénée, 6, 267e-268 d). Cf. Farioli, 2001; Introduction, p. xv.

155. L'esclave qui n'a pas pour autant changé de statut se considère riche dès lors que le sort de son maître a changé du tout au tout. Sur

Ploutos.— Si, à l'intérieur, auprès du foyer, comme c'est l'usage[152]. *(Se tournant vers les Spectateurs.)* D'ailleurs nous éviterons ainsi le reproche de vulgarité. Car il ne convient pas au poète comique de jeter aux spectateurs des figues sèches et des friandises, comptant là-dessus pour les forcer à rire[153].

La femme.— Tu as bien raison : voilà déjà Dexinicos* qui se levait pour saisir les figues. *(Ils entrent tous.)*

DANSE DU CHŒUR

*Carion sort de la maison.*

Carion.— *(Au Chœur.)* Qu'il est doux[154], ô hommes, d'être dans le bonheur, surtout quand on n'y a rien mis du sien[155] ! Un amas de biens a fondu sur notre maison, sans que nous ayons rien fait de mal[156]. À ce prix être riche est une douce chose alors. La huche est pleine de blanche farine[157], les amphores de vin noir qui fleure bon ; tous nos meubles sont remplis d'or et d'argent, que c'est merveille. La citerne regorge d'huile, les lécythes d'essence à pleins bords, l'étage supérieur de figues sèches. Chaque vinaigrier, plat, marmite est devenu d'airain[158] ; nos plateaux tout pourris où l'on mettait le poisson sont en argent, comme on peut voir. Notre lanterne est

les esclaves dans les constructions utopiques, voir Vidal-Naquet, 1995, pp. 267-288 ; Bertelli, 1985, pp. 889-901.

156. Comme Blepsidème, Carion a tendance à associer la richesse à l'injustice, raison pour laquelle il précise qu'il est agréable d'en disposer sans avoir commis un quelconque forfait.

157. Comme l'ont remarqué un grand nombre de spécialistes d'économie antique, la farine de blé blanche *(aleura)* n'était pas à la portée de tous les citoyens ou de tous les habitants d'Athènes, raison pour laquelle son abondance est ici signe de grande prospérité.

158. Athénée, 6. 229 b-231b commente ce passage et observe que l'utilisation de l'argent, de l'or et de l'ivoire est le signe d'une richesse récemment acquise, donc de vulgarité. Cf. Wilkins, 2001, p. 36 et n. 138.

Ὁ δ' ἰπνὸς γέγον' ἡμῖν ἐξαπίνης ἐλεφάντινος.   815
Στατῆρσι δ' οἱ θεράποντες ἀρτιάζομεν
χρυσοῖς· ἀποψώμεσθα δ' οὐ λίθοις ἔτι,
ἀλλὰ σκοροδίοις ὑπὸ τρυφῆς ἑκάστοτε.
Καὶ νῦν ὁ δεσπότης μὲν ἔνδον βουθυτεῖ
ὗν καὶ τράγον καὶ κριὸν ἐστεφανωμένος,   820
ἐμὲ δ' ἐξέπεμψεν ὁ καπνός· οὐχ οἷός τε γὰρ
ἔνδον μένειν ἦν· ἔδακνε γὰρ τὰ βλέφαρά μου.

ΔΙΚΑΙΟΣ
    Ἕπου μετ' ἐμοῦ, παιδάριον, ἵνα πρὸς τὸν θεὸν
    ἴωμεν.
ΚΑ.    Ἔα, τίς ἐσθ' ὁ προσιὼν οὑτοσί;

ΔΙ.    Ἀνὴρ πρότερον μὲν ἄθλιος, νῦν δ' εὐτυχής.   825
ΚΑ.    Δῆλον ὅτι τῶν χρηστῶν τις, ὡς ἔοικας, εἶ.
ΔΙ.    Μάλιστ'.
ΚΑ.    Ἔπειτα τοῦ δέει;
ΔΙ.                 Πρὸς τὸν θεὸν
ἥκω. μεγάλων γὰρ μοῦστὶν ἀγαθῶν αἴτιος.
Ἐγὼ γὰρ ἱκανὴν οὐσίαν παρὰ τοῦ πατρὸς
λαβὼν ἐπήρκουν τοῖς δεομένοις τῶν φίλων,   830
εἶναι νομίζων χρήσιμον πρὸς τὸν βίον.
ΚΑ.    Ἦ πού σε ταχέως ἐπέλιπεν τὰ χρήματα.
ΔΙ.    Κομιδῇ μὲν οὖν.
ΚΑ.          Οὐκοῦν μετὰ ταῦτ' ἦσθ' ἄθλιος.

---

159. *Ipnos* est le four. Cependant, comme le souligne Sommerstein, *ad v.* 815, un four en ivoire serait tout à fait inutilisable, raison pour laquelle les traducteurs optent pour le terme « lanterne ».

160. Le statère d'or équivaut à 20 drachmes. Il pèse 8, 60 gr. Probablement une allusion aux jeux d'enfants qui s'amusaient avec des osselets ou de la mie de pain. Cf. Cratinos, *Ploutoi*, fr. 176 K.-A. ; Télécleidès, fr. 14 K.-A. Voir aussi Pollux, IX, 101.

161. À Athènes, la monnaie la plus courante était en argent. L'émission de monnaie d'or, datée de la fin du v<sup>e</sup> siècle, était le signe

devenue tout à coup d'ivoire[159]. C'est avec des statères[160] que nous autres serviteurs nous jouons à pair ou non, avec des pièces d'or[161] ! Nous ne nous torchons plus avec des pierres mais avec des tiges d'ail par délicatesse[162], chaque fois. Et maintenant le maître à l'intérieur immole un porc, un bouc et un bélier[163], une couronne sur la tête. Moi, la fumée m'a fait sortir ; je ne pouvais plus rester là-dedans, car elle me mordait les paupières.

> *Par la droite entre un homme, un Juste,*
> *suivi par un petit garçon qui porte un manteau*
> *et des souliers.*

LE JUSTE.– Suis-moi, petit ; allons trouver le dieu.

CARION.– Eh ! qui est-il celui qui s'avance là ?

LE JUSTE.– Un homme auparavant misérable, maintenant heureux.

CARION.– Évidemment tu es du nombre des gens de bien, tu en as l'air.

LE JUSTE.– Absolument.

CARION.– Alors que te faut-il ?

LE JUSTE.– Je suis venu vers le dieu ; car il m'a comblé de grands biens. Comme je tenais de mon père une suffisante fortune, je secourais ceux de mes amis qui étaient dans le besoin ; c'était à mes yeux une chose utile pour la vie.

CARION.– Et sans doute, l'argent ne tarda pas à te faire défaut.

LE JUSTE.– Précisément.

CARION.– En conséquence tu fus misérable.

---

non pas de richesse mais d'une grande détresse, puisque l'argent du trésor de la cité était vide et les mines inexploitables du fait de la présence des ennemis en Attique.

162. Pour une allusion semblable, cf. *Paix*, 1231-1234. Dans les *Grenouilles*, 482 *sq.*, le peureux Dionysos demande une éponge.

163. Allusion aux *trittoiai* offerts lors des sacrifices publics à Athènes surtout en l'honneur des déesses d'Éleusis (*IG* I³ 5, 5 ; 78, 37).

ΔΙ.     Κομιδῇ μὲν οὖν. Κἀγὼ μὲν ᾤμην οὓς τέως
        εὐεργέτησα δεομένους ἕξειν φίλους          835
        ὄντως βεβαίους, εἰ δεηθείην ποτέ·
        οἱ δ' ἐξετρέποντο κοὐκ ἐδόκουν ὁρᾶν μ' ἔτι.

ΚΑ.     Καὶ κατεγέλων γ' εὖ οἶδ' ὅτι.

ΔΙ.                              Κομιδῇ μὲν οὖν·
        αὐχμὸς γὰρ ἂν τῶν σκευαρίων μ' ἀπώλεσεν.
        Ἀλλ' οὐχὶ νῦν. Ἀνθ' ὧν ἐγὼ πρὸς τὸν θεὸν     840
        προσευξόμενος ἥκω δικαίως ἐνθάδε.

ΚΑ.     Τὸ τριβώνιον δὲ τί δύναται, πρὸς τῶν θεῶν,
        ὃ φέρει μετὰ σοῦ τὸ παιδάριον τουτί; φράσον.

ΔΙ.     Καὶ τοῦτ' ἀναθήσων ἔρχομαι πρὸς τὸν θεόν.

ΚΑ.     Μῶν οὖν ἐμυήθης δῆτ' ἐν αὐτῷ τὰ μεγάλα;      845

ΔΙ.     Οὔκ, ἀλλ' ἐνερρίγωσ' ἔτη τριακαίδεκα.

ΚΑ.     Τὰ δ' ἐμβάδια;

ΔΙ.                  Καὶ ταῦτα συνεχειμάζετο.

ΚΑ.     Καὶ ταῦτ' ἀναθήσων ἔφερες οὖν;

ΔΙ.                                  Νὴ τὸν Δία.

ΚΑ.     Χαρίεντά γ' ἥκεις δῶρα τῷ θεῷ φέρων.

ΣΥΚΟΦΑΝΤΗΣ

        Οἴμοι κακοδαίμων, ὡς ἀπόλωλα δείλαιος,        850
        καὶ τρισκακοδαίμων καὶ τετράκις καὶ πεντάκις
        καὶ δωδεκάκις καὶ μυριάκις· ἰοὺ ἰού.
        Οὕτω πολυφόρῳ συγκέκραμαι δαίμονι.

164. Les Grecs avaient l'habitude de dédier aux dieux des
vêtements. Sur la question, voir Linders, 1972 ; Gunther, 1988, pp. 215-
237 ; Milanezi, 2005, pp. 68-75.
    165. Comme le précise Aristophane, *Grenouillles*, 405, les
*mystes* portaient des vêtements usagés, presque des haillons. Selon les

LE JUSTE.– Précisément. Je croyais, moi, que ceux à qui jusque-là j'avais fait du bien dans leur indigence seraient pour moi des amis réellement sûrs, si je tombais un jour dans le besoin. Mais eux se détourneraient et semblaient ne plus me voir.

CARION.– Et de plus ils se moquaient de toi, j'en suis certain.

LE JUSTE.– Précisément. Mes coffres étaient à sec, ce fut ma perte. Mais point maintenant. C'est pourquoi je suis venu ici vers le dieu pour lui rendre hommage.

CARION.– Mais ce vieux manteau, que signifie-t-il, au nom des dieux, celui que porte à ta suite le petit et que voilà? Explique.

LE JUSTE.– C'est aussi pour le dédier que je viens vers le dieu.[164]

CARION.– Serait-ce donc dans ce manteau que tu fus initié aux grands mystères?[165]

LE JUSTE.– Non, mais j'y ai grelotté treize années.

CARION.– Et ces chaussures?

LE JUSTE.– Elles aussi ont souffert avec moi de l'hiver.

CARION.– Et tu les apportes aussi pour les dédier?

LE JUSTE.– Oui, par Zeus.

CARION.– Jolis présents que tu viens offrir au dieu!

*Entre un Sycophante avec un témoin.*

LE SYCOPHANTE.– *(Sans voir Carion.)* Hélas! Suis-je assez malheureux! Je suis perdu, infortuné, ah! trois fois malheureux, quatre, cinq, douze, dix mille fois! Euh! euh! *(Avec une gravité comique.)*

Tant de maux sur moi verse une divinité[166]!

scholiastes, ils ne pouvaient pas les abandonner avant qu'ils ne soient en lambeaux. Cf. Dover, 1994, pp. 62-64; Bowie, 1996, p. 233 et n. 31.
166. Citation ou parodie d'un vers tragique. Le *daimôn* en question est Ploutos qui prive le sycophante de ses biens acquis injustement.

**ΚΑ.** Ἄπολλον ἀποτρόπαιε καὶ θεοὶ φίλοι,
τί ποτ' ἐστὶν ὃ τι πέπονθεν ἄνθρωπος κακόν;     855

**ΣΥ.** Οὐ γὰρ σχέτλια πέπονθα νυνὶ πράγματα,
ἀπολωλεκὼς ἅπαντα τἀκ τῆς οἰκίας
διὰ τὸν θεὸν τοῦτον, τὸν ἐσόμενον τυφλὸν
πάλιν αὖθις, ἤνπερ μὴ 'πιλίπωσιν αἱ δίκαι;

**ΔΙ.** Ἐγὼ σχεδὸν τὸ πρᾶγμα γιγνώσκειν δοκῶ.     860
Προσέρχεται γάρ τις κακῶς πράττων ἀνήρ,
ἔοικε δ' εἶναι τοῦ πονηροῦ κόμματος.

**ΚΑ.** Νὴ Δία καλῶς τοίνυν ποιῶν ἀπόλλυται.

**ΣΥ.** Ποῦ, ποῦ 'σθ' ὁ μόνος ἅπαντας ἡμᾶς πλουσίους
ὑποσχόμενος οὗτος ποιήσειν εὐθέως,     865
εἰ πάλιν ἀναβλέψειεν ἐξ ἀρχῆς; Ὁ δὲ
πολὺ μᾶλλον ἐνίους ἐστὶν ἐξολωλεκώς.

**ΚΑ.** Καὶ τίνα δέδρακε δῆτα τοῦτ';
**ΣΥ.** Ἐμὲ τουτονί.

**ΚΑ.** Ἦ τῶν πονηρῶν ἦσθα καὶ τοιχωρύχων;

**ΣΥ.** Μὰ Δί', οὐ μὲν οὖν ἐσθ' ὑγιὲς ὑμῶν οὐδενός,     870
κοὐκ ἔσθ' ὅπως οὐκ ἔχετέ μου τὰ χρήματα.

**ΚΑ.** Ὡς σοβαρός, ὦ Δάματερ, εἰσελήλυθεν
ὁ συκοφάντης. Δῆλον ὅτι βουλιμιᾷ.

**ΣΥ.** Σὺ μὲν εἰς ἀγορὰν ἰὼν ταχέως οὐκ ἂν φθάνοις·
ἐπὶ τοῦ τροχοῦ γὰρ δεῖ σ' ἐκεῖ στρεβλούμενον     875
εἰπεῖν ἃ πεπανούργηκας.

**ΚΑ.**     Οἰμώξἄρα σύ.

**ΔΙ.** Νὴ τὸν Δία τὸν σωτῆρα, πολλοῦ γ' ἄξιος

---

167. Allusion aux monnaies athéniennes frappées à la fin du Ve
siècle dont la qualité était inférieure puisque elles étaient fourrées de
bronze et patinées d'argent. Cf. Aristophane, *Grenouilles*, 725-726;
*Assemblée des Femmes*, 815-822; fr. 3 K.-A. Aristophane a été le
premier poète à utiliser une métaphore liée à la frappe des monnaies.
Cf. Nicolet-Pierre, 2002, pp. 173-174; Grandjean, 2007, pp. 235-236.

CARION.– Apollon préservateur et dieux amis, quel peut bien être le malheur arrivé à cet homme ?

LE SYCOPHANTE.– *(Apercevant Carion.)* N'est-elle pas terrible l'affaire qui m'arrive à présent ? J'ai perdu tout ce que j'avais dans ma maison, à cause de ce dieu ! Ah ! qu'il redevienne aveugle, ou ce sera la faillite de la justice !

LE JUSTE.– *(À Carion.)* Je crois connaître à peu près la chose. Un homme s'avance qui est mal en point ; mais il paraît marqué au mauvais coin[167].

CARION.– Oui, par Zeus, et c'est bien fait, s'il se ruine.

LE SYCOPHANTE.– Où, où est-il celui qui promettait de nous rendre, à lui seul, tous riches, et sur-le-champ, s'il recouvrait sa vue première ? Il a bien plutôt causé la perte de plusieurs.

CARION.– Et qui donc a-t-il traité ainsi ?

LE SYCOPHANTE.– Moi, que vous voyez.

CARION.– Étais-tu de nombre des coquins et des bandits ?

LE SYCOPHANTE.– Non, par Zeus ; c'est plutôt chez vous qu'il n'y a rien de bon ; il ne se peut pas que vous n'ayez mon argent.

CARION.– Avec quelle violence, ô Déméter, est entré ce sycophante ! Il est clair qu'il a la boulimie[168].

LE SYCOPHANTE.– Toi, rends-toi à l'Agora, vite, sans retard. Là il faut que tu sois supplicié sur la roue[169], pour que tu dises tes coquineries !

CARION.– *(Le menaçant.)* Il t'en cuira donc, à toi.

LE JUSTE.– Par Zeus sauveur, quel mérite envers tous

---

168. Dans la comédie, la boulimie est une caractéristique d'Héraclès. Voir *Paix*, 741 ; *Oiseaux*, 1575 *sq*., Alexis, *Linos*, 140 K.-A.).

169. Instrument de supplice utilisé pour punir ceux qui agissaient contre la sécurité de la cité ; cf. Plutarque, *Nicias*, 30 ; Lycurgue, *Contre Léocrate*, 111-114.

ἅπασι τοῖς Ἕλλησιν ὁ θεὸς οὗτος, εἰ
τοὺς συκοφάντας ἐξολεῖ κακοὺς κακῶς.

ΣΥ. Οἴμοι τάλας· μῶν καὶ σὺ μετέχων καταγελᾷς;      880
Ἐπεὶ πόθεν θοἰμάτιον εἴληφας τοδί;
Ἐχθὲς δ' ἔχοντ' εἶδόν σ' ἐγὼ τριβώνιον.

ΔΙ. Οὐδὲν προτιμῶ σου· φορῶ γὰρ πριάμενος
τὸν δακτύλιον τονδὶ παρ' Εὐδάμου δραχμῆς.

ΚΑ. Ἀλλ' οὐδέν' ἔστι συκοφάντου δήγματος.      885

ΣΥ. Ἆρ' οὐχ ὕβρις ταῦτ' ἐστὶ πολλή; Σκώπτετον,
ὅ τι δὲ ποεῖτον ἐνθάδ' οὐκ εἰρήκατον.
Οὐκ ἐπ' ἀγαθῷ γὰρ ἐνθάδ' ἐστὸν οὐδενί.

ΚΑ. Μὰ τὸν Δί' οὔκουν τῷ γε σῷ, σάφ' ἴσθ' ὅτι.

ΣΥ. Ἀπὸ τῶν ἐμῶν γὰρ ναὶ μὰ Δία δειπνήσετον.      890

ΔΙ. Ὡς δὴ 'π' ἀληθείᾳ σὺ μετὰ τοῦ μάρτυρος
διαρραγείης —

ΚΑ.                    μηδενός γ' ἐμπλήμενος.

ΣΥ. Ἀρνεῖσθον; Ἔνδον ἐστίν, ὦ μιαρωτάτω,
πολὺ χρῆμα τεμαχῶν καὶ κρεῶν ὠπτημένων.
Ὑυ υυ υυ υυ υυ υυ.      895

ΚΑ. Κακόδαιμον, ὀσφραίνει τι;
ΔΙ.                    Τοῦ ψύχους γ' ἴσως.
[ἐπεὶ τοιοῦτόν γ' ἀμπέχεται τριβώνιον.]

ΣΥ. Ταῦτ' οὖν ἀνασχέτ' ἐστίν, ὦ Ζεῦ καὶ θεοί,
τούτους ὑβρίζειν εἰς ἔμ'; Οἴμ' ὡς ἄχθομαι
ὅτι χρηστὸς ὢν καὶ φιλόπολις πάσχω κακῶς.      900

170. C'est-à-dire 6 oboles. Le sycophante, comme un scorpion, est
dangereux, venimeux. La bague que le Juste a achetée auprès d'Eudémos
est un talisman qui doit le protéger de sa « piqûre ». Cf. Taillardat, 1965,
§ 727, p. 424.

171. Cf. v. 726. À vrai dire, le sycophante est, comme le soulignera
le Juste, au v. 913, quelqu'un qui se complaît à s'immiscer dans toutes les

les Hellènes a ce dieu, s'il extermine ces sycophantes, les misérables, misérablement !

LE SYCOPHANTE.– Ah ! malheur ! Te mettrais-tu, toi aussi, avec lui pour me railler ? D'ailleurs *(S'approchant du Juste.)*, d'où tiens-tu le manteau que voici ? Hier je t'ai vu une capote toute usée.

LE JUSTE.– Je me soucie bien de toi ! *(Montrant un anneau en riant.)* Je porte l'anneau que voici, acheté à Eudémos* une drachme[170].

CARION.– Mais on n'en achète point contre la morsure d'un sycophante.

LE SYCOPHANTE.– N'est pas là le comble de l'outrage ? Tous deux vous raillez, mais ce que vous faites ici vous ne l'avez pas dit. Car vous n'y êtes pour rien de bon.

CARION.– Non, par Zeus, pour rien de bon pour toi, sois-en sûr.

LE SYCOPHANTE.– C'est en effet à mes dépens, par Zeus, que vous dînerez.

LE JUSTE.– Ah ! puisses-tu, en foi de cela, toi avec ton témoin, crever !

CARION.– Oui, avec rien dans le ventre.

LE SYCOPHANTE.– Vous niez ? Il y a dans la maison, fieffé scélérats, quantité de poissons, et de viandes rôties. *(Humant l'air.)* Hu, hu ! hu, hu ! hu, hu ! hu, hu ! hu, hu ! Hu, hu !

CARION.– Malheureux, flaires-tu quelque chose ?

LE JUSTE.– Oui, le froid peut-être. [Puisqu'il est revêtu d'une capote usée.]

LE SYCOPHANTE.– Est-ce tolérable, à la fin, ô Zeus et les dieux, que ces gens-là m'outragent ? Ah ! qu'il me peine de me voir, moi l'homme de bien et le patriote[171], traité si mal !

---

affaires. « Fourrer son nez partout » est la traduction de *polupragmonein*. Sur la *polupragmosunè*, cf. Ehrenberg, 1947, pp. 46-47 ; Too, 1995, p. 92 et 1998, p. 913.

ΔΙ.　Σὺ φιλόπολις καὶ χρηστός;

ΣΥ.　　　　　　　　　'Ως οὐδεὶς γ' ἀνήρ.

ΔΙ.　Καὶ μὴν ἐπερωτηθεὶς ἀπόκριναί μοι.

ΣΥ.　　　　　　　　　Τὸ τί;

ΔΙ.　Γεωργὸς εἶ;

ΣΥ.　　　　　Μελαγχολᾶν μ' οὕτως οἴει;

ΔΙ.　'Αλλ' ἔμπορος;

ΣΥ.　　　　　Ναί, σκήπτομαί γ', ὅταν τύχω.

ΔΙ.　Τί δαί; τέχνην τιν' ἔμαθες;

ΣΥ.　　　　　　　　　Οὐ μὰ τὸν Δία.　　905

ΔΙ.　Πῶς οὖν διέζης ἢ πόθεν μηδὲν ποιῶν;

ΣΥ.　Τῶν τῆς πόλεώς εἰμ' ἐπιμελητὴς πραγμάτων
　　　καὶ τῶν ἰδίων πάντων.

ΔΙ.　　　　　　Σύ; τί μαθών;

ΣΥ.　　　　　　　　　Βούλομαι.

ΔΙ.　Πῶς οὖν ἂν εἴης χρηστός, ὦ τοιχωρύχε,
　　　εἴ σοι προσῆκον μηδὲν εἶτ' ἀπεχθάνει;　　910

ΣΥ.　Οὐ γὰρ προσήκει τὴν ἐμαυτοῦ μοι πόλιν
　　　εὐεργετεῖν, ὦ κέπφε, καθ' ὅσον ἂν σθένω;

ΔΙ.　Εὐεργετεῖν οὖν ἐστι τὸ πολυπραγμονεῖν;

ΣΥ.　Τὸ μὲν οὖν βοηθεῖν τοῖς νόμοις τοῖς κειμένοις
　　　καὶ μὴ 'πιτρέπειν ἐάν τις ἐξαμαρτάνῃ.　　915

172. Selon certains commentateurs, le sycophante se dit *emporos*, «négociant» parce que ces victimes achètent, contre de l'argent, son silence.

173. Dans cette tirade, le sycophante nomme clairement son activité qu'il associe à une magistrature étant donné qu'à Athènes nombreux étaient les citoyens qui exerçaient le rôle d'*epimeletai*, «inspecteurs» des sacrifices, des marchés, du port marchand, d'agoranomes, de métronomes et de sitophylaques. Cf. Aristote, *Constitution d'Athènes*, 56-57.

174. Le citoyen idéal est celui qui est utile, *chrestos*. Ce terme fait parti des *topoi* du discours démocratique athénien. Sur ce point, cf. Casevitz, 1997, pp. 453-455.

LE JUSTE.– Toi, patriote et homme du bien ?

LE SYCOPHANTE.– Oui, comme personne.

LE JUSTE.– Eh bien alors, je vais t'interroger ; réponds-moi.

LE SYCOPHANTE.– Sur quoi ?

LE JUSTE.– Es-tu laboureur ?

LE SYCOPHANTE.– Me crois-tu si fou ?

LE JUSTE.– Négociant alors ?

LE SYCOPHANTE.– Oui, du moins je me donne pour tel à l'occasion[172].

LE JUSTE.– Quoi enfin ? As-tu appris quelque métier.

LE SYCOPHANTE.– Non, par Zeus.

LE JUSTE.– Comment donc vivais-tu, et de quoi, si tu ne fais rien ?

LE SYCOPHANTE.– Je suis inspecteur des affaires de l'État et des affaires privées, de toutes[173].

LE JUSTE.– Toi ? À quelle fin ?

LE SYCOPHANTE.– C'est mon idée.

LE JUSTE.– Comment donc serais-tu homme de bien[174], bandit, si, te mêlant de ce qui ne te regarde nullement, tu te rends odieux ?

LE SYCOPHANTE.– Cela ne me regarde pas de servir ma cité[175], ô buse[176], autant qu'il est en mon pouvoir ?

LE JUSTE.– Est-ce donc la servir que de fourrer ton nez partout ?

LE SYCOPHANTE.– Dis plutôt de venir en aide aux lois existantes[177], et d'empêcher qu'on y contrevienne ?

---

175. Puisque le verbe utilisé par le sycophante est *euergetein*, on comprend que non seulement il se considère comme un citoyen utile, mais comme un bienfaiteur pour la cité. Sur l'évergétisme, Gauthier, 1985.

176. Le foulque ou la poule d'eau est un oiseau de mer réputé pour sa stupidité. Cf. *Paix*, 1067.

177. La garde de la constitution revient aux seuls citoyens, raison pour laquelle le sycophante se sert du vocabulaire technique propre aux accusations publiques. Voir Lysias, 22, *Contre les marchands de blé*, 3.

ΔΙ.  Οὔκουν δικαστὰς ἐξεπίτηδες ἡ πόλις
ἄρχειν καθίστησιν;
ΣΥ.                          Κατηγορεῖ δὲ τίς;
ΔΙ.  Ὁ βουλόμενος.
ΣΥ.                   Οὔκοῦν ἐκεῖνός εἰμ' ἐγώ.
"Ωστ' εἰς ἔμ' ἥκει τῆς πόλεως τὰ πράγματα.
ΔΙ.  Νὴ Δία, πονηρόν γ' ἄρα προστάτην ἔχει.        920
'Εκεῖνο δ' οὗ βούλοι' ἄν, ἡσυχίαν ἔχων
ζῆν ἀργός;
ΣΥ.              'Αλλὰ προβατίου βίον λέγεις,
εἰ μὴ φανεῖται διατριβή τις τῷ βίῳ.
ΔΙ.  Οὐδ' ἂν μεταμάθοις;
ΣΥ.                        Οὐδ' ἂν εἰ δοίης γέ μοι
τὸν Πλοῦτον αὐτὸν καὶ τὸ Βάττου σίλφιον.        925
ΚΑ.  Κατάθου ταχέως θοἰμάτιον.
ΔΙ.                          Οὗτος, σοὶ λέγει.
ΚΑ.  "Επειθ' ὑπόλυσαι.
ΔΙ.                    Πάντα ταῦτα σοὶ λέγει.

---

178. À Athènes, 6000 citoyens étaient tirés au sort tous les ans
pour siéger dans les cours de justice du tribunal populaire, l'Héliée,
raison pour laquelle on les nomme soit héliastes soit dicastes. Sur les
tribunaux athéniens et leur fonctionnement, voir Aristote, *Constitution
d'Athènes*, 63-69.

179. Grâce aux réformes de Solon, la cité invite le citoyen qui le
veut *(ho boulomenos)* à intervenir en justice en faveur d'une personne
lésée (Aristote, *Constitution d'Athènes*, 9, 1), donc à dénoncer
les agissements susceptibles de lui porter préjudice. La délation
volontaire était considérée comme un des piliers sur lesquels reposait
la démocratie. *Ho boulomenos*, «celui qui le veut», devient, dans
le discours démocratique, synonyme de citoyen utile, responsable,
celui qui utilise pleinement l'*isegoria*, l'égalité du droit de parole, et
l'*isonomia*, l'égalité des lois ou du partage des pouvoirs politiques.

180. Sur la tranquillité, *hêsuchia*, comme idéal politique, voir
Demont, 1990, 68-85; 1997, 457-479.

LE JUSTE.– N'y a-t-il pas des juges tout exprès chargés par la Cité de ces fonctions?[178]

LE SYCOPHANTE.– Et qui accuse?

LE JUSTE.– Qui veut[179].

LE SYCOPHANTE.– Eh bien, je suis celui-là, moi. De sorte qu'à moi reviennent les affaires de l'État.

LE JUSTE.– Par Zeus, le méchant patron qu'elles ont là! Mais n'aimerais-tu pas ceci: vivre tranquille, sans rien faire?[180]

LE SYCOPHANTE.– Mais c'est une existence de bête que tu dis là[181], s'il n'apparaît pas quelque occupation dans la vie.

LE JUSTE.– Et tu ne voudrais pas apprendre autre chose?

LE SYCOPHANTE.– Pas même si tu me donnais Ploutos en personne[182] et le silphium de Battos[183].

CARION.– Mets bas, vite, ton vêtement. *(Le Sycophante ne bouge pas.)*

LE JUSTE.– Hé là! c'est à toi qu'il parle.

CARION.– Puis déchausse-toi. *(Même attitude du Sycophante.)*

LE JUSTE.– Tout cela s'adresse à toi.

---

181. Littéralement, «tu parles d'une vie de mouton». Ces animaux dociles, comme les héliastes avec leurs bâtons et leurs manteaux courts, facilement manipulables, sont les victimes des démagogues. Cf. *Guêpes*, 32-36.

182. Le sycophante est aussi obsédé par le métier qu'il s'est créé que Philocléon l'est par les tribunaux, dans les *Guêpes*, 87-90. C'est pourquoi il ne changerait pas son «métier» par tout l'or du monde.

183. Originaire de Théra, Battos est le fondateur de Cyrène (Hérodote, 4, 150), dont la production de silphium était extraordinaire. Sur la coupe dite d'Arcésilaos, le roi est représenté en train d'assister à la pesée de ce produit qui fit la fortune de la Cyrénaïque. Le silphium était utilisé en cuisine comme condiment, et en médecine dans la préparation des médicaments. Cf. Pline l'Ancien, *HN* 19,5. La locution *to Battou silphion* était proverbiale et peut être traduite par l'expression «tout l'or du Pérou», comme le souligne Taillardat, 1965, § 540, p. 312.

ΣΥ.    Καὶ μὴν προσελθέτω πρὸς ἔμ' ὑμῶν ἐνθαδὶ
       ὁ βουλόμενος.

ΚΑ.                    Οὐκοῦν ἐκεῖνός εἰμ' ἐγώ.

ΣΥ.    Οἴμοι τάλας, ἀποδύομαι μεθ' ἡμέραν.                       930

ΚΑ.    Σὺ γὰρ ἀξιοῖς τἀλλότρια πράττων ἐσθίειν ;

ΣΥ.    Ὁρᾷς ἃ ποιεῖ; Ταῦτ' ἐγὼ μαρτύρομαι.

ΚΑ.    Ἀλλ' οἴχεται φεύγων ὃν ἦγες μάρτυρα.

ΣΥ.    Οἴμοι, περιείλημμαι μόνος.

ΚΑ.                               Νυνὶ βοᾷς ;

ΣΥ.    Οἴμοι μάλ' αὖθις.

ΚΑ.                        Δὸς σύ μοι τὸ τριβώνιον,            935
       ἵν' ἀμφιέσω τὸν συκοφάντην τουτονί.

ΔΙ.    Μὴ δῆθ'· ἱερὸν γάρ ἐστι τοῦ Πλούτου πάλαι.

ΚΑ.    Ἔπειτα ποῦ κάλλιον ἀνατεθήσεται
       ἢ περὶ πονηρὸν ἄνδρα καὶ τοιχωρύχον ;
       Πλοῦτον δὲ κοσμεῖν ἱματίοις σεμνοῖς πρέπει.          940

ΔΙ.    Τοῖς δ' ἐμβαδίοις τί χρήσεταί τις ; εἰπέ μοι.

ΚΑ.    Καὶ ταῦτα πρὸς τὸ μέτωπον αὐτίκα δὴ μάλα
       ὥσπερ κοτίνῳ προσπατταλεύσω τουτῳί.

ΣΥ.    Ἄπειμι· γιγνώσκω γὰρ ἥττων ὢν πολὺ
       ὑμῶν· ἐὰν δὲ σύζυγον λάβω τινὰ                         945
       κἂν σύκινον, τοῦτον τὸν ἰσχυρὸν θεὸν

184. Détournement comique de la formule *ho boulomenos*, utilisée
ici comme synonyme d'adversaire d'un compétition sportive.

185. Parodie de Sophocle, *Électre*, 1416, où Clytemnestre est tuée
par Oreste. Voir aussi *Nuées*, 110.

186. Les anciens avaient l'habitude de suspendre sur les arbres, et
plus particulièrement sur des oliviers sauvages, *kotinoi*, des offrandes
destinées aux divinités. Le sycophante, dans cette tirade, devient l'arbre
qui caractérise le mieux son activité, le figuier.

Le sycophante.– Alors, que l'un de vous s'approche de moi ici, celui qui veut[184].

Carion.– *(Narquois)* Eh bien, je suis celui-là, moi.

*(Il le dépouille de son manteau et de ses chaussures.– Le témoin s'enfuit.)*

Le sycophante.– Ah malheur! On me dépouille en plein jour.

Carion.– C'est que tu juges bon de t'occuper des affaires d'autrui pour vivre.

Le sycophante.– *(Croyant parler à son témoin.)* Tu vois ce qu'il fait? Je t'en prends à témoin.

Carion.– *(Riant.)* Mais il s'est enfui, le témoin que tu amenais.

Le sycophante.– Malheur! Je suis cerné et reste seul!

Carion.– À présent tu cries?

Le sycophante.– Malheur! encore et encore[185].

Carion.– *(Au juste.)* Toi, donne-moi ta capote, que j'en affuble le sycophante que voilà.

Le juste.– Non certes: elle est depuis longtemps consacrée à Ploutos.

Carion.– Et puis, où serait-elle mieux dédiée que sur les épaules de ce gredin et de ce bandit? Quant à Ploutos, il convient de l'orner de manteaux magnifiques. *(Il met la capote usée du Juste sur les épaules du Sycophante.)*

Le juste.– Et les chaussures, qu'en faire? dis-moi.

Carion.– Elles aussi, je vais les lui clouer au front à l'instant même, à celui-là, comme à un olivier sauvage[186].

Le sycophante.– Je m'en vais, car je vois bien que je suis beaucoup plus faible que vous. Mais si je trouve un second, fût-il de syco…more[187], je ferai que ce dieu

---

187. En grec, *sukinon*, «de figuier», « en bois de figuier». Plaisanterie sur l'étymologie populaire de sycophante qui repose sur *sukos*, figue.

ἐγὼ ποήσω τήμερον δοῦναι δίκην,
ὁτιὴ καταλύει περιφανῶς εἷς ὢν μόνος
τὴν δημοκρατίαν, οὔτε τὴν βουλὴν πιθὼν
τὴν τῶν πολιτῶν οὔτε τὴν ἐκκλησίαν.			950

**ΔΙ.**	Καὶ μὴν ἐπειδὴ τὴν πανοπλίαν τὴν ἐμὴν
ἔχων βαδίζεις, εἰς τὸ βαλανεῖον τρέχε·
ἔπειτ' ἐκεῖ κορυφαῖος ἑστηκὼς θέρου.
Κἀγὼ γὰρ εἶχον τὴν στάσιν ταύτην ποτέ.

**ΚΑ.**	'Αλλ' ὁ βαλανεὺς ἕλξει θύραζ', αὐτὸν λαβὼν		955
τῶν ὀρχιπέδων· ἰδὼν γὰρ αὐτὸν γνώσεται
ὅτι ἔστ' ἐκείνου τοῦ πονηροῦ κόμματος.
Νὼ δ' εἰσίωμεν, ἵνα προσεύξῃ τὸν θεόν.

(ΧΟΡΟΥ)

**ΓΡΑΥΣ**

"Αρ', ὦ φίλοι γέροντες, ἐπὶ τὴν οἰκίαν
ἀφίγμεθ' ὄντως τοῦ νέου τούτου θεοῦ,			960
ἢ τῆς ὁδοῦ τὸ παράπαν ἡμαρτήκαμεν;

**ΧΟ.**	'Αλλ' ἴσθ' ἐπ' αὐτὰς τὰς θύρας ἀφιγμένη,
ὦ μειρακίσκη· πυνθάνει γὰρ ὡρικῶς.

**ΓΡ.**	Φέρε νυν, ἐγὼ τῶν ἔνδοθεν καλέσω τινά.

**ΧΡ.**	Μὴ δῆτ'· ἐγὼ γὰρ αὐτὸς ἐξελήλυθα.		965
'Αλλ' ὅ τι μάλιστ' ἐλήλυθας λέγειν σ' ἐχρῆν.

---

188. Allusion au discours officiel et particulièrement à la formule
« il a plu au Conseil et au Peuple » que l'on lit dans les décrets athéniens
indiquant que toute décision votée a force de loi. Lors des assemblées,
les démagogues, espérant obtenir la faveur populaire, accusaient leurs
ennemis de vouloir renverser la démocratie ou de vouloir instaurer
la tyrannie. Certes, on peut penser que le poète fait allusion aux
renversements de la démocratie qui ont eu lieu en 411 et en 404 av. J.-C.
dans le cadre d'assemblées exceptionnelles.

puissant subisse aujourd'hui son châtiment, attendu qu'il renverse manifestement à lui seul la démocratie sans l'aveu ni du Conseil des citoyens ni de l'Assemblée[188]. *(Il s'enfuit.)*

LE JUSTE.– Or ça, puisque tu marches portant ma pano-plie, cours aux bains, et là, chef de file debout, chauffe-toi[189]. Moi aussi j'occupais ce poste naguère.

CARION.– Mais le baigneur le traînera dehors, en le prenant par les bourses[190]. À première vue il reconnaîtra qu'il est de la mauvaise frappe– Nous deux entrons, pour que tu adresses tes vœux au dieu. *(Ils entrent.)*

DANSE DU CHŒUR

> *Par la droite arrive une vieille femme coquettement vêtue, suivie d'une servante portant un plat.*

LA VIEILLE.– *(Au Chœur d'un ton maniéré.)* Chers vieillards, sommes-nous réellement arrivée à la demeure de ce nouveau dieu, ou nous sommes-nous tout à fait trompée de chemin ?

LE CORYPHÉE.– Eh bien, sache que tu es arrivée à la porte même, ô fillette[191], qui questionnes si gentiment.

LA VIEILLE.– Voyons alors, je vais appeler quelqu'un du logis. *(Justement sort Chrémyle.)*

CHRÉMYLE.– *(À la Vieille.)* Non certes ; car de moi-même me voilà sorti. Mais quel motif surtout t'amène ? Il faudrait le dire.

---

189. Le sycophante subira le froid, comme les pauvres dont il était question plus haut quand Chrémyle et Carion discutaient avec Pénia, cf. v. 535.

190. Cf. les menaces que le chœur adressait à Carion, aux vv. 312-314. Voir aussi *Cavaliers*, 769-772.

191. *Meirakiskè* désigne la jeune fille en fleur, qui réveille les sens des membres du chœur, comme dans les *Grenouilles*, 409.

ΓΡ.   Πέπονθα δεινὰ καὶ παράνομ', ὦ φίλτατε·
      ἀφ' οὗ γὰρ ὁ θεὸς οὗτος ἤρξατο βλέπειν,
      ἀβίωτον εἶναί μοι πεποήκε τὸν βίον.

ΧΡ.   Τί δ' ἐστίν; ἦ που καὶ σὺ συκοφάντρια      970
      ἐν ταῖς γυναιξὶν ἦσθα;

ΓΡ.                          Μὰ Δί' ἐγὼ μὲν οὔ.

ΧΡ.   'Αλλ' οὐ λαχοῦσ' ἔπινες ἐν τῷ γράμματι;

ΓΡ.   Σκώπτεις· ἐγὼ δὲ κατακέκνισμαι δειλάκρα.

ΧΡ.   Οὔκουν ἐρεῖς ἀνύσασα τὸν κνισμὸν τίνα;

ΓΡ.   Ἄκουέ νυν. Ἦν μοί τι μειράκιον φίλον,      975
      πενιχρὸν μέν, ἄλλως δ' εὐπρόσωπον καὶ καλὸν
      καὶ χρηστόν· εἰ γάρ του δεηθείην ἐγώ,
      ἅπαντ' ἐποίει κοσμίως μοι καὶ καλῶς·
      ἐγὼ δ' ἐκείνῳ γ' αὖ τὰ πάνθ' ὑπηρέτουν.

ΧΡ.   Τί δ' ἦν ὅ τι σου μάλιστ' ἐδεῖθ' ἑκάστοτε;    980

ΓΡ.   Οὐ πολλά· καὶ γὰρ ἐκνομίως μ' ᾐσχύνετο.
      'Αλλ' ἀργυρίου δραχμὰς ἂν ᾔτησ' εἴκοσιν
      εἰς ἱμάτιον, ὀκτὼ δ' ἂν εἰς ὑποδήματα·
      καὶ ταῖς ἀδελφαῖς ἀγοράσαι χιτώνιον
      ἐκέλευσεν ἂν τῇ μητρὶ θ' ἱματίδιον·      985
      πυρῶν τ' ἂν ἐδεήθη μεδίμνων τεττάρων.

192. Sommerstein, 2001, *ad v.*, considère que la vieille femme est une courtisane étant donné qu'elle s'adresse à Chrémyle, qu'elle ne connaît pas, comme à un amant, *ho philtate*.

193. Le terme *sycophantris* est un hapax. Les femmes ne pouvaient pas porter des accusations en leur propre nom devant les tribunaux.

194. Le tirage au sort désignait les sections dans lesquelles les citoyens devaient voter. La démocratie exercée par les femmes ou par les courtisanes serait comparable à un *sumposion* ou à une gargote où chacun boit tout son saoûl.

LA VIEILLE.– Il m'est arrivé des choses cruelles, iniques, ô très cher[192]. Car depuis que *(avec haine)* ce dieu à commencé à voir, il m'a rendu la vie intolérable.

CHRÉMYLE.– Qu'y a-t-il? Étais-tu des fois toi aussi une sycophante parmi les femmes[193]?

LA VIEILLE.– Non, par Zeus, non.

CHRÉMYLE.– Alors c'est sans être désignée par le sort que tu…buvais dans ta section[194]?

LA VIEILLE.– Tu railles. Et moi j'ai le cœur meurtri, pauvre infortunée.

CHRÉMYLE.– Diras-tu enfin quelle est cette meurtrissure?

LA VIEILLE.– Écoute donc. J'avais un jouvenceau pour ami, pauvre il est vrai, mais joli de figure, gentil et honnête. Si j'avais besoin de quelque chose, il faisait tout pour moi décemment et gentiment[195]. De mon côté je lui rendais toutes sortes de services.

CHRÉMYLE.– Qu'est-ce qu'il te demandait surtout chaque fois?

LA VIEILLE.– Pas grand-chose. Car il était avec moi d'une extraordinaire discrétion. Ainsi il lui arrivait de me demander vingt drachmes d'argent pour un manteau, huit pour des chaussures[196]; pour ses sœurs aussi il me priait de temps à autre d'acheter une petite tunique, pour sa mère un petit manteau; d'autres fois il lui fallait quatre médimnes de blé[197].

---

195. Le jeune homme, entretenu par la vieille femme, assouvissait tous ses désirs, raison pour laquelle elle souhaite maintenir cette relation fondée sur une *charis* toute particulière. Voir aussi v. 1028-1030.

196. Si l'on considère que l'indemnité des juges et des citoyens siégeant à l'assemblée équivalait à trois oboles au début du IV$^e$ siècle, et en considérant que cette somme correspondait au salaire journalier d'un Athénien, vingt drachmes (soit 120 oboles) équivaudraient à un mois de travail. Donc, le jeune homme dépouille en toute «discrétion» une victime plus que consentante.

197. Mesure attique pour le blé qui équivaut à plus de 51,5 litres.

**ΧΡ.** Οὐ πολλά τοίνυν, μά τὸν Ἀπόλλω, ταυτά γε
εἴρηκας· ἀλλά δῆλον ὅτι σ' ἠσχύνετο.

**ΓΡ.** Καὶ ταῦτα τοίνυν οὐχ ἕνεκα μισητίας
αἰτεῖν μ' ἔφασκεν, ἀλλά φιλίας οὕνεκα,      990
ἵνα τοὐμὸν ἱμάτιον φορῶν μεμνῇτό μου.

**ΧΡ.** Λέγεις ἐρῶντ' ἄνθρωπον ἐκνομιώτατα.

**ΓΡ.** Ἀλλ' οὐχὶ νῦν ὁ βδελυρὸς ἔτι τὸν νοῦν ἔχει
τὸν αὐτόν, ἀλλά πολὺ μεθέστηκεν πάνυ.
Ἐμοῦ γάρ αὐτῷ τὸν πλακοῦντα τουτονὶ      995
καὶ τἄλλα τἀπὶ τοῦ πίνακος τραγήματα
ἐπόντα πεμψάσης ὑπειπούσης θ' ὅτι
εἰς ἑσπέραν ἥξοιμι —

**ΧΡ.**                      Τί ἔδρασ'; εἰπέ μοι.

**ΓΡ.** ἄμητα προσαπέπεμψεν ἡμῖν τουτονί,
ἐφ' ᾧτ' ἐκεῖσε μηδέποτέ μ' ἐλθεῖν ἔτι,      1000
καὶ πρὸς ἐπὶ τούτοις εἶπεν ἀποπέμπων ὅτι
« πάλαι ποτ' ἦσαν ἄλκιμοι Μιλήσιοι. »

**ΧΡ.** Δῆλον ὅτι τοὺς τρόπους τις οὐ μοχθηρὸς ἦν.
Ἔπειτα πλουτῶν οὐκέθ' ἥδεται φακῇ·
πρὸ τοῦ δ' ὑπὸ τῆς πενίας ἅπαντ' ἐπήσθιεν.      1005

**ΓΡ.** Καὶ μὴν πρὸ τοῦ γ' ὁσημέραι, νὴ τὼ θεώ,
ἐπὶ τὴν θύραν ἐβάδιζεν ἀεὶ τὴν ἐμήν.

**ΧΡ.** Ἐπ' ἐκφοράν;

---

198. Henderson, 1991, p. 160 n. 41 et 144 considère qu'il s'agit de
gâteaux ayant la forme des organes génitaux.

199. Le terme *tragema*, utilisé ici au pluriel, *tragemata*, désigne les
desserts. Voir Athénée, 2, 53 c. Sur les desserts associés aux spectacles
offerts lors des *symposia*, voir Milanezi, 2000, p. 400-412.

200. En grec, *amès*. Lors des mariages, les époux s'échangeaient ce
gâteau au lait (Alexis, fr. 168 K.-A.). Pour Athénée, 2, 58 a, il s'agissait
d'un gâteau approprié aux édentés Cf. Torchio, *ad v.* 222 ; Henderson,
1991, p. 144.

CHRÉMYLE.– C'est peu de chose en effet, par Apollon, que tout ce que tu me dis là. Évidemment il usait de toi avec discrétion.

LA VIEILLE.– Encore n'était-ce point par cupidité qu'il me faisait ces demandes, affirmait-il, mais par amitié, afin que mon manteau, qu'il portait, lui fût un souvenir de moi.

CHRÉMYLE.– Tu parles d'un homme extraordinairement épris.

LA VIEILLE.– Mais maintenant l'infâme n'a plus le même esprit; il a bien changé, du tout au tout. Je lui avais envoyé ce gâteau[198] et les autres friandises[199] qui sont sur ce plat, en lui faisant entendre que je viendrais pour le soir… *(Elle sanglote.)*

CHRÉMYLE.– Qu'a-t-il fait? Dis-le-moi.

LA VIEILLE.– Il me l'a renvoyé, en y joignant le gâteau de lait[200] que voilà, avec cette condition que je n'irais plus jamais là-bas. Et par là-dessus il a dit en me les renvoyant:

Autrefois valeureux étaient les Milésiens[201].

CHRÉMYLE.– Évidemment pour le caractère il n'était pas méchant garçon. Après cela, riche aujourd'hui, il n'aime plus les lentilles[202]: avant, sa pauvreté lui faisait manger de tout.

LA VIEILLE.– Oui certes, et avant, il n'y avait pas de jour, par les deux déesses[203], qu'il ne vint à ma porte tout le temps.

CHRÉMYLE.– Pour le convoi funèbre?

201. Proverbe d'origine inconnue, qui veut dire ici: «vous êtes vieille, maintenant».
202. Les légumineuses étaient considérées comme le plat du pauvre, cf. Antiphane, fr. 185 K.-A.
203. Déméter et Korè. Sur leur culte à Éleusis, cf. note 205.

ΓΡ.                    Μὰ Δί', ἀλλὰ τῆς φωνῆς μόνον
ἐρῶν ἀκοῦσαι.

ΧΡ.                    Τοῦ λαβεῖν μὲν οὖν χάριν.

ΓΡ.    Καί, νὴ Δί', εἰ λυπουμένην γ' αἰσθοιτό με,          1010
νηττάριον ἂν καὶ φάβιον ὑπεκορίζετο.

ΧΡ.    Ἔπειτ' ἴσως ᾔτει σ' ἂν εἰς ὑποδήματα.

ΓΡ.    Μυστηρίοις δὲ τοῖς μεγάλοισι, νὴ Δία,
ἐπὶ τῆς ἁμάξης ὅτι προσέβλεψέν μέ τις,
ἐτυπτόμην διὰ τοῦθ' ὅλην τὴν ἡμέραν.          1015
Οὕτω σφόδρα ζηλότυπος ὁ νεανίσκος ἦν.

ΧΡ.    Μόνος γὰρ ᾔδεθ', ὡς ἔοικεν, ἐσθίων.

ΓΡ.    Καὶ τάς γε χεῖρας παγκάλας ἔχειν μ' ἔφη, —

ΧΡ.    ὁπότε προτείνοιέν γε δραχμὰς εἴκοσιν.

ΓΡ.    ὄζειν τε τῆς χροιᾶς ἔφασκεν ἡδύ μου, —          1020

ΧΡ.    εἰ Θάσιον ἐνέχεις, εἰκότως γε, νὴ Δία.

ΓΡ.    τὸ βλέμμα θ' ὡς ἔχοιμι μαλακὸν καὶ καλόν.

ΧΡ.    Οὐ σκαιὸς ἦν ἄνθρωπος, ἀλλ' ἠπίστατο
γραὸς καπρώσης τἀφόδια κατεσθίειν.

ΓΡ.    Ταῦτ' οὖν ὁ θεός, ὦ φίλ' ἄνερ, οὐκ ὀρθῶς ποεῖ,          1025

ΧΡ.    Τί γὰρ ποήσῃ ; Φράζε, καὶ πεπράξεται.

204. Ces termes amoureux évoquent les cadeaux que l'amant
*(erastès)* offre à l'aimé *(eromenè)*. Cf. Dover, 1978, p. 92.

205. Il s'agit des Mystères d' Éleusis, célébrés en septembre,
en l'honneur de Déméter et de Korè, sa fille. La procession quittait
Athènes au point du jour pour atteindre Éleusis à la tombée de la nuit.
Les femmes mariées de condition aisée voyageaient vraisemblablement
sur des chars, tandis que les autres marchaient, cf. *Grenouilles*, 316 *sq.* ;
Démosthène 21, 158 ; Pseudo-Plutarque, *Vie des X Orateurs*, 842a.

LA VIEILLE.– Non, par Zeus, mais dans le seul désir d'entendre ma voix.

CHRÉMYLE.– *(À part.)* Pour recevoir plutôt.

LA VIEILLE.– Et, par Zeus, s'il me voyait triste, c'était «ma petite cane, ma colombelle»[204] qu'il m'appelait tendrement.

CHRÉMYLE.– *(À part.)* Et puis sans doute il te priait pour des chaussures.

LA VIEILLE.– Une fois aux grands Mystères[205], par Zeus, sur le char où j'étais, quelqu'un me regarda : à cause de cela je fut battue, toute la journée ; tant il était jaloux, le jouvenceau !

CHRÉMYLE.– *(À part.)* C'est qu'il aimait, apparemment, à manger seul.

LA VIEILLE.– Et il disait que j'avais des mains de toute beauté…

CHRÉMYLE.– *(À part.)* Oui, quand elles lui tendaient «vingt drachmes».

LA VIEILLE.– …et que le parfum de ma peau était suave…

CHRÉMYLE.– *(À part.)* Si tu lui versais du Thasos[206], naturellement, par Zeus.

LA VIEILLE.–…et que j'avais le regard doux et beau.

CHRÉMYLE.– *(À part.)* Pas sot, l'homme ; il s'entendait à dévorer les provisions[207] d'une vieille en rut.

LA VIEILLE.– C'est en cela que le dieu, cher homme, n'agit pas bien, alors qu'il prétend venir en aide toujours à ceux qui sont lésés.

CHRÉMYLE.– Que faut-il donc qu'il fasse ? Parle, et ce sera fait.

206. Le vin de Thasos était un des plus grands crus dans l'Antiquité. Cf. *Lysistrata*, 196 ; *Thesmophories II*, fr. 334 K.-A. ; *Kokalos*, fr. 364 K.-A. ; Athénée, 1, 28e-29c ; 31a-32a. Voir Salviat, 1986, 145-196.

207. Allusion à l'*ephodia*, somme d'argent qui devait couvrir les dépenses d'un individu «retraité».

ΓΡ. Ἀναγκάσαι δίκαιόν ἐστι, νὴ Δία,
τὸν εὖ παθόνθ' ὑπ' ἐμοῦ πάλιν ⟨μ'⟩ ἀντ' εὖ ποεῖν.
Ἢ μηδ' ὁτιοῦν ⟨μ'⟩ ἀγαθὸν δίκαιόν ἐστ' ἔχειν;   1030

ΧΡ. Οὔκουν καθ' ἑκάστην ἀπεδίδου τὴν νύκτα σοι;

ΓΡ. Ἀλλ' οὐδέποτέ με ζῶσαν ἀπολείψειν ἔφη.

ΧΡ. Ὀρθῶς γε· νῦν δέ σ' οὐκέτι ζῆν οἴεται.

ΓΡ. Ὑπὸ τοῦ γὰρ ἄλγους κατατέτηκ', ὦ φίλτατε.

ΧΡ. Οὔκ, ἀλλὰ κατασέσηπας, ὥς γ' ἐμοὶ δοκεῖς.   1035

ΓΡ. Διὰ δακτυλίου μὲν οὖν ἐμέ γ' ἂν διελκύσαις.

ΧΡ. Εἰ τυγχάνοι γ' ὁ δακτύλιος ὢν τηλία.

ΓΡ. Καὶ μὴν τὸ μειράκιον τοδὶ προσέρχεται,
οὗπερ πάλαι κατηγοροῦσα τυγχάνω·
ἔοικε δ' ἐπὶ κῶμον βαδίζειν.

ΧΡ.                          Φαίνεται·   1040
στεφάνους γέ τοι καὶ δᾷδ' ἔχων πορεύεται.

**ΝΕΑΝΙΑΣ**
Ἀσπάζομαι.

ΓΡ.            Τί φησιν;
ΝΕ.                        Ἀρχαία φίλη,
πολιὰ γεγένησαι ταχύ γε, νὴ τὸν οὐρανόν.

ΓΡ. Τάλαιν' ἐγὼ τῆς ὕβρεος ἧς ὑβρίζομαι.

ΧΡ. Ἔοικε διὰ πολλοῦ χρόνου σ' ἑορακέναι.   1045

---

208. Le proverbe «passer par une bague» s'applique aux personnes dont le chagrin ou le malheur les a réduites à une maigreur extraordinaire.

209. *Telia*, «planche de boulanger». Il s'agirait, peut-être, d'une sorte de ceinture en cuir que le boulanger passait dans le cou

LA VIEILLE.– Qu'il force – c'est justice, par Zeus – celui que j'ai bien traité à me payer de retour. Ou est-il juste que je n'aie pas le moindre bien?

CHRÉMYLE.– Eh! ne s'acquittait-il pas envers toi chaque nuit?

LA VIEILLE.– Mais il promettait de ne jamais me quitter, tant que je vivrais.

CHRÉMYLE.– Fort bien; mais maintenant il ne te croit plus en vie.

LA VIEILLE.– C'est que je suis desséchée de chagrin, très cher.

CHRÉMYLE.– *(À part.)* Non, mais toute putréfiée, à ce qu'il me semble.

LA VIEILLE.– Tu me ferais passer maintenant par une bague[208].

CHRÉMYLE.– *(À part.)* Oui, si cette bague se trouvait être un rond de crible[209].

> *Par la droite entre un Jeune Homme, cou-*
> *ronné et portant une torche.*

LA VIEILLE.– Justement voici le jouvenceau qui s'avance, celui-là même que depuis longtemps je me trouve accuser. Il a l'air d'aller à un festin.

CHRÉMYLE.– Il paraît. Du moins est-ce avec des couronnes et une torche qu'il s'avance.

LE JEUNE HOMME.– *(À la Vieille – Cérémonieux.)* Salut…

LA VIEILLE.– Que dit-il?

LE JEUNE HOMME.– …antique amie. Tu as blanchi bien vite, par le ciel.

LA VIEILLE.– Malheureuse que je suis! Me voir outragée de la sorte!

CHRÉMYLE.– Il semble qu'il y a longtemps qu'il ne t'a pas vue.

---

pour attacher la planche sur laquelle étaient posés les produits qu'il transportait; cf. Sommerstein, *ad v.* 1037.

ΓΡ.   Ποίου χρόνου, ταλάνταθ', ὃς παρ' ἐμοὶ χθὲς ἦν ;

ΧΡ.   Τοὐναντίον πέπονθε τοῖς πολλοῖς ἄρα·
      μεθύων γάρ, ὡς ἔοικεν, ὀξύτερον βλέπει.

ΓΡ.   Οὔκ, ἀλλ' ἀκόλαστός ἐστιν ἀεὶ τοὺς τρόπους.

ΝΕ.   *Ω Ποντοπόσειδον καὶ θεοὶ πρεσβυτικοί,                1050
      ἐν τῷ προσώπῳ τῶν ῥυτίδων ὅσας ἔχει.

ΓΡ.   *Α ἅ,
      τὴν δᾷδα μή μοι πρόσφερ'.

ΧΡ.                            Εὖ μέντοι λέγει.
      Ἐὰν γὰρ αὐτὴν εἷς μόνος σπινθὴρ βάλῃ,
      ὥσπερ παλαιὰν εἰρεσιώνην καύσεται.

ΝΕ.   Βούλει διὰ χρόνου πρός με παῖσαι ;
ΓΡ.                            Ποῦ, τάλαν ;             1055

ΝΕ.   Αὐτοῦ, λαβοῦσα κάρυα.
ΓΡ.                            Παιδιὰν τίνα ;

ΝΕ.   Πόσους ἔχεις ὀδόντας.
ΧΡ                            Ἀλλὰ γνώσομαι
      κἀγώγ'· ἔχει γὰρ τρεῖς ἴσως ἢ τέτταρας.

ΝΕ.   Ἀπότεισον· ἕνα γὰρ γομφίον μόνον φορεῖ.

ΓΡ.   Ταλάντατ' ἀνδρῶν, οὐχ ὑγιαίνειν μοι δοκεῖς,        1060
      πλυνόν με ποιῶν ἐν τοσούτοις ἀνδράσιν.

ΝΕ.   Ὄναιο μέντἄν, εἴ τις ἐκπλύνειέ σε.


210. L'*eirésionè* est un rameau d'olivier entouré de laine auquel
on attachait des figues, des pains gras, un petit pot de miel, une fiole
d'huile à oindre, une coupe pour le vin, selon Plutarque, *Thésée*, 22,
6. D'après Lycurgue, fr. XIV 2 Conomis = *FGrHist*. 401 F 1a, cette
hampe d'olivier était ornée de fruits de saison, considérés comme les
prémices des produits de la terre. Offerte à Apollon, elle rappelait celle
que Thésée aurait consacrée au dieu avant son départ pour la Crète.
On la plaçait sur les portes des maisons où elle restait jusqu'à l'année
suivante. Cf. Deubner, 1932, pp. 198-200 ; Groton, 1990, p. 121 ;
Calame, 1990, pp. 293-294 et n. 7.

La vieille.– Comment longtemps? Il était chez moi hier.

Chrémyle.– Il lui arrive donc le contraire de ce qu'éprouve la plupart : l'ivresse, semble-t-il, lui rend la vue plus perçante.

La vieille.– Non, mais il est impertinent toujours ; c'est son caractère.

Le jeune homme.– *(À part.)* Ô Posidon des mers, et vous, vieilles divinités! Sur son visage que de rides elle porte! *(Il la regarde de plus près, approchant sa torche.)*

La vieille.– Ha! Ha! n'approche pas de moi cette torche.

Chrémyle.– *(À part.)* Elle a, ma foi, raison. Car la moindre étincelle qui la toucherait la ferait flamber comme une vieille irésione[210].

Le jeune homme.– Veux-tu un moment jouer avec moi?

La vieille.– Où, malheureux?

Le jeune homme.– Ici ; prends des noix.

La vieille.– À quel jeu?

Le jeune homme.– À deviner combien tu as…de dents[211].

Chrémyle.– Mais je devinerai bien aussi, moi. Elle en a trois peut-être, ou quatre.

Le jeune homme.– Paie : elle n'a en tout qu'une molaire.

La vieille.– Ô le plus misérable des hommes, tu n'as pas le bon sens, m'est avis, de faire de moi un bassin à lessive[212] devant tout ce monde.

Le jeune homme.– Tu y gagnerais pourtant, si on te lessivait à fond.

211. Allusion probable au jeu de devinette nommé *posinda* (littéralement, «combien de fois?» ou «combien?»). Cf. Xénophon, *Hipparque*, 5, 10.

212. Cette expression est souvent synonyme d'insulter, de malmener en paroles. Sur la question, cf. Taillardat, 1965, § 590, p. 345.

ΧΡ.  Οὐ δῆτ', ἐπεὶ νῦν μὲν καπηλικῶς ἔχει·
     εἰ δ' ἐκπλυνεῖται τοῦτο τὸ ψιμύθιον,
     ὄψει κατάδηλα τοῦ προσώπου τὰ ῥάκη.      1065

ΓΡ.  Γέρων ἀνὴρ ὢν οὐχ ὑγιαίνειν μοι δοκεῖς.

ΝΕ.  Πειρᾷ μὲν οὖν ἴσως σε καὶ τῶν τιτθίων
     ἐφάπτεταί σου λανθάνειν δοκῶν ἐμέ.

ΓΡ.  Μὰ τὴν Ἀφροδίτην, οὐκ ἐμοῦ γ', ὦ βδελυρὲ σύ.

ΧΡ.  Μὰ τὴν Ἑκάτην, οὐ δῆτα· μαινοίμην γὰρ ἄν.   1070
     Ἀλλ', ὦ νεανίσκ', οὐκ ἐῶ τὴν μείρακα
     μισεῖν σε ταύτην.

ΝΕ.                    Ἀλλ' ἔγωγ' ὑπερφιλῶ.

ΧΡ.  Καὶ μὴν κατηγορεῖ γέ σου.

ΝΕ.                            Τί κατηγορεῖ;

ΧΡ.  Εἶναί σ' ὑβριστὴν φησι καὶ λέγειν ὅτι
     « πάλαι ποτ' ἦσαν ἄλκιμοι Μιλήσιοι. »      1075

ΝΕ.  Ἐγὼ περὶ ταύτης οὐ μαχοῦμαί σοι.

ΧΡ.                                  Τὸ τί;

ΝΕ.  Αἰσχυνόμενος τὴν ἡλικίαν τὴν σήν· ἐπεὶ
     οὐκ ἄν ποτ' ἄλλῳ τοῦτ' ἐπέτρεπον ⟨ἂν⟩ ποεῖν.
     Νῦν δ' ἄπιθι χαίρων συλλαβὼν τὴν μείρακα.

ΧΡ.  Οἶδ', οἶδα τὸν νοῦν· οὐκέτ' ἀξιοῖς ἴσως       1080
     εἶναι μετ' αὐτῆς.

ΓΡ.                    Ὁ δ' ἐπιτρέψων ἐστὶ τίς ;

ΝΕ.  Οὐκ ἂν διαλεχθείην διεσπλεκωμένῃ
     ὑπὸ μυρίων τε τῶνδε καὶ τρισχιλίων.

213. Maquillage utilisé par les jeunes femmes pour rendre leur
teint pâle (Aristophane, *Thesmophories* II, fr. 331, 3 K.-A.), et par les
vieilles pour cacher leurs rides (*Assemblée des Femmes*, 878; 929).
Pour la recette de ce cosmétique, voir Théophraste, *Sur les pierres*, 5b.

CHRÉMYLE.– Non certes, car à présent elle est encore débitable; mais si on lave cette céruse[213], tu verras très manifestes les loques de son visage.

LA VIEILLE.– Pour un vieillard, tu n'as guère de bon sens, à ce qu'il me paraît.

LE JEUNE HOMME.– Ou plutôt il cherche peut-être à te séduire; il te tâte les seins, s'imaginant que je ne le vois pas.

LA VIEILLE.– *(À Chrémyle.)* Non, par Aphrodite, pas à moi, dégoûtant que tu es.

CHRÉMYLE.– Non, par Hécate, non certes! Il me faudrait être fou.– Mais petit jeune homme, je ne te permets pas de haïr cette fillette.

LE JEUNE HOMME.– Mais moi je l'aime avec passion.

CHRÉMYLE.– Et pourtant elle t'accuse.

LE JEUNE HOMME.– De quoi m'accuse-t-elle?

CHRÉMYLE.– D'être un insolent et de dire: «Autrefois valeureux étaient les Milésiens».

LE JEUNE HOMME.– Je n'irai pas pour elle me battre avec toi.

CHRÉMYLE.– Et pourquoi?

LE JEUNE HOMME.– Par déférence pour ton âge. Car jamais à un autre je n'aurais permis d'en faire autant. Maintenant pars joyeux, et prends avec toi la «fillette».

CHRÉMYLE.– Je sais, je sais ta pensée: tu ne juges plus bon sans doute d'être avec elle.

LA VIEILLE.– Et qui le souffrira?

LE JEUNE HOMME.– Je ne saurais causer avec une femme épuisée en débauches *(Montrant le public.)* par ces treize mille gens[214].

---

214. Le poète fait allusion au nombre de spectateurs présents aux représentations dramatiques. De la difficile question du nombre moyen de spectateurs présents aux représentations théâtrales, voir Cantarella, *ad loc.*; Pickard-Cambridge, 1988, pp. 362-364 et p. 371; Gallo, 1979, pp. 505-506; Albini, 1991, pp. 162-166; Mastromarco, 1994, p. 7; Sommerstein, 1996, p. 50.

ΧΡ.　"Ομως δ' ἐπειδὴ καὶ τὸν οἶνον ἠξίους

　　　πίνειν, συνεκποτέ' ἐστί σοι καὶ τὴν τρύγα.　　1085

ΝΕ.　Ἀλλ' ἔστι κομιδῇ τρὺξ παλαιὰ καὶ σαπρά.

ΧΡ.　Οὐκοῦν τρύγοιπος ταῦτα πάντ' ἰάσεται.

　　　Ἀλλ' εἴσιθ' εἴσω.

ΝΕ.　　　　　　　　Τῷ θεῷ γοῦν βούλομαι

　　　ἐλθὼν ἀναθεῖναι τοὺς στεφάνους τούσδ' οὓς ἔχω.

ΓΡ.　Ἐγὼ δέ γ' αὐτῷ καὶ φράσαι τι βούλομαι.　　1090

ΝΕ.　Ἐγὼ δέ γ' οὐκ εἴσειμι.

ΧΡ.　　　　　　　　Θάρρει, μὴ φοβοῦ·

　　　οὐ γὰρ βιάσεται.

ΝΕ.　　　　　　　　Πάνυ καλῶς τοίνυν λέγεις.

　　　Ἱκανὸν γὰρ αὐτὴν πρότερον ὑπεπίττουν χρόνον.

ΓΡ.　Βάδιζ'· ἐγὼ δέ σου κατόπιν εἰσέρχομαι.

ΧΡ.　Ὡς εὐτόνως, ὦ Ζεῦ βασιλεῦ, τὸ γρᾴδιον　　1095

　　　ὥσπερ λεπὰς τῷ μειρακίῳ προσείχετο.

　　　　　　　　⟨ΧΟΡΟΥ⟩

ΚΑ.　Τίς ἔσθ' ὁ κόπτων τὴν θύραν; Τουτὶ τί ἦν;

　　　Οὐδείς, ἔοικεν· ἀλλὰ δῆτα τὸ θύριον

　　　φθεγγόμενον ἄλλως κλαυσιᾷ.

215. Le terme *trugè* et le verbe *trugan* sont utilisés dans la comédie pour évoquer les rapports sexuels. *Paix*, 1393. Voir Taillardat, 1965, §178, p. 101 et § 716, p. 418.

216. L'adjectif *sapros* signifie «pourri» et s'applique aux poissons, *Acharniens*, 1101. Comme le souligne Taillardat, 1965, § 56, p. 53, il devient un synonyme péjoratif de «vieux», comme dans *Paix*, 698; *Assemblée des femmes*, 1098.

217. Lorsque les Grecs ouvraient les *pithoi* contenant le vin nouveau, ils prenaient soin de le filtrer pour éliminer les impuretés qui s'étaient accumulées pendant la période de fermentation. Sur le filtre à vin, *trygoipos*, cf. Pollux, 6, 19; 10, 75.

218. Métaphore liée à la construction navale et particulièrement à la technique d'imperméabilisation de la carène d'un bateau par l'utilisation de la poix. Cf. *Acharniens*, 190. Voir aussi Morisson, 1986, pp. 188-189; pour l'allusion obscène, cf. Henderson, 1991, § 273, p. 164.

CHRÉMYLE.– Cependant, puisque tu as trouvé bon de boire le vin, il te faut aussi vider la lie[215].

LE JEUNE HOMME.– Mais cette lie est absolument vieille et moisie[216].

CHRÉMYLE.– Aussi un filtre à vin remédiera à tout cela[217]. Allons, entre à l'intérieur.

LE JEUNE HOMME.– Je veux bien entrer pour consacrer au dieu ces couronnes que je porte. *(Il va pour entrer.)*

LA VIEILLE.– Et moi aussi je veux lui dire quelque chose.

LE JEUNE HOMME.– Et moi… je n'entre pas.

CHRÉMYLE.– Rassure-toi, n'aie pas peur; elle ne te forcera pas.

LE JEUNE HOMME.– Tout à fait bien dit, ma foi. Car il y a assez longtemps que je la calfate[218].

LA VIEILLE.– Marche : j'entre derrière toi. *(Tous deux entrent.)*

CHRÉMYLE.– Avec quelle force, ô Zeus roi, la petite vieille comme un coquillage se colle au jouvenceau[219] ! *(Il rentre.)*

DANSE DU CHŒUR

*Hermès entre par la gauche ; il frappe à la porte de Chrémyle, puis se cache.*

CARION.– *(De l'intérieur, ouvrant la porte.)* Qui est-ce qui frappe à la porte ? Qu'est-ce ? Personne, semble-t-il. Mais alors cette petite porte, si elle crie sans raison, c'est qu'elle a envie de pleurer[220]. *(Il entre.)*

---

219. Allusion à la bernique qui se colle toujours à un rocher. Cette métaphore s'applique aux gens importuns. Cf. Taillardat, 1965, § 324, p. 170.

220. Dans ces vers, en personnifiant la porte, Aristophane renouvelle les scènes de *prothuria* où d'ordinaire les personnages cognent une porte. Cf. Taillardat, 1965, § 272 ; MacBrown, 2000, pp. 1-16.

**ΕΡΜΗΣ**

Σέ τοι λέγω,
ὁ Καρίων, ἀνάμεινον.

ΚΑ.                              Οὗτος, εἰπέ μοι,                     1100
σὺ τὴν θύραν ἔκοπτες οὑτωσὶ σφόδρα;

ΕΡ.    Μὰ Δί᾽, ἀλλ᾽ ἔμελλον· εἶτ᾽ ἀνέφξάς με φθάσας.
'Αλλ᾽ ἐκκάλει τὸν δεσπότην τρέχων ταχύ,
ἔπειτα τὴν γυναῖκα καὶ τὰ παιδία,
ἔπειτα τοὺς θεράποντας, εἶτα τὴν κύνα,            1105
ἔπειτα σαυτόν, εἶτα τὴν ὗν.

ΚΑ                                     Εἰπέ μοι,
τί δ᾽ ἐστίν;

ΕΡ.           'Ο Ζεύς, ὦ πόνηρε, βούλεται
εἰς ταὐτὸν ὑμᾶς συγκυκήσας τρύβλιον
ἁπαξάπαντας εἰς τὸ βάραθρον ἐμβαλεῖν.

ΚΑ.    'Η γλῶττα τῷ κήρυκι τούτων τέμνεται.          1110
'Ατὰρ διὰ τί δὴ ταῦτ᾽ ἐπιβουλεύει ποεῖν
ἡμᾶς;

ΕΡ.           'Οτιὴ δεινότατα πάντων πραγμάτων
εἴργασθ᾽. 'Αφ᾽ οὗ γὰρ ἤρξατ᾽ ἐξ ἀρχῆς βλέπειν
ὁ Πλοῦτος, οὐδεὶς οὐ λιβανωτόν, οὐ δάφνην,
οὐ ψαιστόν, οὐχ ἱερεῖον, οὐκ ἄλλ᾽ οὐδὲ ἓν        1115
ἡμῖν ἔτι θύει τοῖς θεοῖς.

ΚΑ.                         Μὰ Δί᾽, οὐδέ γε
θύσει· κακῶς γὰρ ἐπεμελεῖσθ᾽ ἡμῶν τότε.

ΕΡ.    Καὶ τῶν μὲν ἄλλων μοι θεῶν ἧττον μέλει,
ἐγὼ δ᾽ ἀπόλωλα κἀπιτέτριμμαι.

ΚΑ.                              Σωφρονεῖς.

---

221. Lors des sacrifices, la langue des victimes était soit consacrée
aux dieux, soit donnée au prêtre comme émolument (*LSA*, n° 44, Milet ;
Le Guen, 1991, n° 44), soit partagée entre les prêtres et les dieux. (*LSG*,
n° 120, Chios ; Le Guen, 1991, n° 45).

HERMÈS.– *(Se montrant et le rappelant.)* C'est à toi, vois-tu, que j'en ai, Carion; reste.

CARION.– Ah ça, dis-moi, est-ce toi qui frappais à la porte si fort?

HERMÈS.– Non, par Zeus, mais j'allais le faire. Alors tu as ouvert, en me prévenant. Mais appelle le maître – cours vite – puis sa femme et ses petits enfants, puis les serviteurs, ensuite la chienne, puis toi-même, ensuite la truie.

CARION.– Dis-moi, qu'y a t-il?

HERMÈS.– Zeus, drôle, veut vous mettre pêle-mêle dans le même plat, pour vous jeter, tous tant que vous êtes dans le barathre.

CARION.– *(À part.)* On coupe la langue au porteur de pareilles nouvelles[221]. *(À Hermès.)* Mais pourquoi donc forme-t-il de tels desseins contre nous?

HERMÈS.– Pour la raison que vous avez commis la plus horrible des choses. Car dès l'instant que Ploutos a recommencé de voir, personne n'offre ni encens, ni laurier, ni gâteaux en pâte, ni victime, ni rien d'autre à nous les dieux[222].

CARION.– Non, par Zeus; et l'on ne vous en offrira plus. Car vous vous occupiez mal de nous autrefois.

HERMÈS.– Les autres dieux, je m'en soucie moins; mais moi, je suis mort, je suis à bout.

CARION.– Tu es un sage.

---

222. Comme dans les *Oiseaux*, 1514-1693, les dieux ont faim. Les propos d'Hermès contrastent avec ce que prétendait Chrémyle quand il affirmait que Ploutos rendrait pieux les hommes.

ΕΡ.   Πρότερον γὰρ εἶχον ⟨ἂν⟩ παρὰ ταῖς καπηλίσιν   1120
      πάντ' ἀγάθ'· ἕωθεν εὐθύς, οἰνοῦτταν, μέλι,
      ἰσχάδας, ὅσ' εἰκός ἐστιν Ἑρμῆν ἐσθίειν·
      νυνὶ δὲ πεινῶν ἀναβάδην ἀναπαύομαι.

ΚΑ.   Οὔκουν δικαίως, ὅστις ἐπόεις ζημίαν
      ἐνίοτε τοιαῦτ' ἀγάθ' ἔχων;

ΕΡ.                           Οἴμοι τάλας,                1125
      οἴμοι πλακοῦντος τοῦ 'ν τετράδι πεπεμμένου.

ΚΑ.   « Ποθεῖς τὸν οὐ παρόντα καὶ μάτην καλεῖς. »

ΕΡ.   Οἴμοι δὲ κωλῆς ἧς ἐγὼ κατήσθιον —

ΚΑ.   'Ασκωλίαζ' ἐνταῦθα πρὸς τὴν αἰθρίαν.

ΕΡ.   σπλάγχνων τε θερμῶν ὧν ἐγὼ κατήσθιον.            1130

ΚΑ.   'Οδύνη σε περὶ τὰ σπλάγχν' ἔοικέ τις στρέφειν.

ΕΡ.   Οἴμοι δὲ κύλικος ἴσον ἴσῳ κεκραμένης.

ΚΑ.   Ταύτην ἐπιπιὼν ἀποτρέχων οὐκ ἂν φθάνοις.

ΕΡ.   *Αρ' ὠφελήσαις ἄν τι τὸν σαυτοῦ φίλον;

ΚΑ.   Εἴ του δέει γ' ὧν δυνατός εἰμί σ' ὠφελεῖν.      1135

ΕΡ.   Εἴ μοι πορίσας ἄρτον τιν' εὖ πεπεμμένον
      δοίης καταφαγεῖν καὶ κρέας νεανικὸν
      ὧν θύεθ' ὑμεῖς ἔνδον.

223. Protecteur du commerce, le dieu était naturellement gâté par les cabaretières et par les marchands qui espéraient qu'il ferait augmenter leurs profits en les aidant à tromper leurs clients.

224. Comme les autres dieux, Hermès était honoré tous les mois à son jour anniversaire. Cf. calendrier d'Erchia, *SEG* 21, 541, 47-58 ; *Hymne homérique à Hermès*, 19 ; Plutarque, *Moralia*, 738e-f. Au quatrième jour du mois les Athéniens célébraient également Héraclès.

225. Citation ou parodie d'un vers tragique évoquant Héraclès à la recherche de Hylas (fr. 63 *adespota*). Sur ce point, voir Sommerstein, 2001, *ad v.* 1127.

226. Allusion à l'*askoaliasmos* qui consistait à sauter et à se maintenir en équilibre sur une outre de vin huilée. Le prix revenait à celui qui réussissait à se maintenir en équilibre. Cf. Eubulos, fr. 7 K.-A. ; Pickard-Cambridge, 1968, pp. 64-65.

HERMÈS.– Auparavant j'avais chez les cabaretières toute sorte de bonnes choses[223], dès l'aurore : gâteau au vin, miel, figues sèches, tout ce qui est bon à régaler Hermès. Maintenant affamé, les pieds en l'air, je me repose.

CARION.– N'est-ce pas justice ? toi qui faisais punir quelquefois les gens dont tu tenais de pareil biens.

HERMÈS.– *(Avec des gestes de désespoir.)* Hélas ! infortuné, hélas ! pour le gâteau au fromage que l'on cuisait le quatrième jour du mois[224].

CARION.–
> Tu regrettes l'absent et vainement l'appelles[225].

HERMÈS.– *(Même attitude.)* Hélas ! pour le jambon que je dévorais…

CARION.– Occupe tes jambes à sauter sur une outre ici, en plein air[226].

HERMÈS.–… et pour les entrailles toutes chaudes que je dévorais !

CARION.– Quelque colique semble tirailler les tiennes d'entrailles[227].

HERMÈS.– Hélas ! pour la coupe à mélange égal ![228]

CARION.– *(Lâchant un pet.)* Avale celle-ci et sauve-toi au plus vite.

HERMÈS.– *(Langoureux.)*
> Veux-tu rendre service à ton ami qui t'aime ?

CARION.– Si tu demandes une chose où je puisse te servir.

HERMÈS.– Si tu me procurais un pain bien cuit à manger et un gros morceau des viandes que vous sacrifiez là-dedans.

---

227. Jeu sur *splanchna*, entrailles des bêtes sacrifiées et les entrailles d'Hermès. Sur ce partage, voir *LGS*, n° 20 et Le Guen, 1991, n° 45 et commentaire ; van Straten, 1995, pp. 131-133.

228. D'ordinaire on mélangeait une mesure de vin à trois mesures d'eau.

KA.                                 Ἀλλ' οὐκ ἔκφορά.

ΕΡ.    Καὶ μὴν ὁπότε τι σκευάριον τοῦ δεσπότου
       ὑφέλοι', ἐγώ σ' ἂν λανθάνειν ἐποίουν ἀεί.          1140

KA.    Ἐφ' ᾧτε μετέχειν καὐτός, ὦ τοιχωρύχε·
       ἧκεν γὰρ ἄν σοι ναστὸς εὖ πεπεμμένος.

ΕΡ.    Ἔπειτα ·τοῦτόν γ' αὐτὸς ἂν κατήσθιες.

KA.    Οὐ γὰρ μετεῖχες τὰς ἴσας πληγὰς ἐμοί,
       ὁπότε τι ληφθείην πανουργήσας ἐγώ.                  1145

ΕΡ.    Μὴ μνησικακήσῃς, εἰ σὺ Φυλὴν κατέλαβες.
       Ἀλλὰ ξύνοικον, πρὸς θεῶν, δέξασθέ με.

KA.    Ἔπειτ' ἀπολιπὼν τοὺς θεοὺς ἐνθάδε μενεῖς;

ΕΡ.    Τὰ γὰρ παρ' ὑμῖν ἐστι βελτίω πολύ.

KA.    Τί δέ; ταὐτομολεῖν ἀστεῖον εἶναί σοι δοκεῖ;         1150

ΕΡ.    « Πατρὶς γάρ ἐστι πᾶσ' ἵν' ἂν πράττῃ τις εὖ. »

KA.    Τί δῆτ' ἂν εἴης ὄφελος ἡμῖν ἐνθάδ' ὤν;

ΕΡ.    Παρὰ τὴν θύραν στροφαῖον ἱδρύσασθέ με.

229. Allusion aux prescriptions relatives à la viande du sacrifice
(*SIG*³ 1004, l. 31 ; *SIG*³ 1026, l. 10 ; *SEG* 21, 541) qui peuvent ou ne
peuvent pas être emportées en dehors d'un sanctuaire (*ekphora ouk
ekphora*), comme le suggèrent Kassel-Austin, 1986 *ad* Euphron, *Frères*,
fr. 1, 20 K.-A. et Wilkins, 2001, p. 63. Sans doute Aristophane fait-il
aussi allusion aux fonctions d'Hermès et plus précisément à son rôle de
Psychopompe : le terme *ekphora* évoque le départ du cortège funèbre.

230. Le *nastos* est une offrande d'action de grâces (*IG* II² 1366,
23-24 ; 1367, 14). Il s'agit d'un pain ou d'un gâteau conique au miel,
rempli de raisins et amandes. Cf. *Oiseaux*, 567 ; Nicostratos, fr. 13 K.-
A ; Pollux, VI, 78.

231. Hermès fait allusion au renversement de la démocratie en
404, à l'origine d'une *stasis*, guerre civile, à Athènes. Le corps civique
se divisa en effet en groupes bien distincts : les gens de la ville et les
gens du Pirée. En 403, la démocratie est restaurée grâce aux efforts des
démocrates qui ont mis en échec les oligarques. Avant l'affrontement
final, guidés par Thrasybule, les démocrates ont pris Phylè, (Aristote,
*Constitution d'Athènes*, 39-40). Lors de la réconciliation, les Athéniens
ont prêté le serment d'oublier les maux du passé, ce qui revenait à jurer

CARION.– Mais la sortie n'est pas permise[229].

HERMÈS.– Et pourtant quand tu dérobais quelque menue vaisselle à ton maître, je faisais en sorte que ton larcin restât caché, toujours.

CARION.– Oui, à condition d'en avoir ta part, brigand, car il t'en revenait toujours un gros gâteau « bien cuit »[230].

HERMÈS.– Qu'ensuite tu mangeais toi-même.

CARION.– C'est que tu ne partageais pas avec moi les coups, quand j'étais pris à faire le fripon.

HERMÈS.– Observe l'amnistie, si tu pris Phylé[231]. Allons, recevez-moi, au nom des dieux, pour vivre chez vous.

CARION.– Alors tu veux abandonner les dieux pour rester ici ?

HERMÈS.– C'est que chez vous il fait bien meilleur.

CARION.– Eh quoi ! déserter te semble-t-il honnête ?

HERMÈS.–
    La patrie est partout où l'on se trouve bien[232].

CARION.– À quoi enfin nous seras-tu bon, étant ici ?

HERMÈS.– Établissez-moi près de la porte pour la faire tourner[233].

une amnistie. Cf. Xénophon, *Helléniques*, 2, 4, 43 ; et les remarques de Loraux, 2005, pp. 25-47.

232. Vers tragique d'un poète inconnu. Allusion probable également à Lysias, 31, *Contre Philon*, 6, prononcé au lendemain de la restauration démocratique, où l'orateur affirme : « Mais ceux qui, citoyens de naissance, ont pour principe que la patrie est partout où sont leurs intérêts, ceux-là, évidemment seraient gens à trahir le bien public pour courir à leur gain personnel : à leurs yeux, ce n'est pas la cité qui est leur patrie, c'est leur fortune ». Voir aussi, Euripide, *Phaéton*, fr. 773 Kn. = 3, v. 162 J.-V.L. (« La patrie est partout où la terre nourrit son homme »).

233. Allusion à une autre fonction d'Hermès, dont l'épiclèse est *strophaios*, probablement « protecteur des maisons contre les voleurs ». Les Anciens avaient l'habitude de placer la statue du dieu près des portes d'entrées. Carion se joue de lui en associant cette fonction à *strophè*, détour, fraude, intrigue.

**ΚΑ.**   Στροφαῖον; ἀλλ' οὐκ ἔργον ἔστ' οὐδὲν στροφῶν.

**ΕΡ.**   Ἀλλ' ἐμπολαῖον.

**ΚΑ.**                    Ἀλλὰ πλουτοῦμεν. Τί οὖν          1155
         Ἑρμῆν παλιγκάπηλον ἡμᾶς δεῖ τρέφειν;

**ΕΡ.**   Ἀλλὰ δόλιον τοίνυν.

**ΚΑ.**                         Δόλιον; ἥκιστά γε·
         οὐ γὰρ δόλου νῦν ἔργον, ἀλλ' ἁπλῶν τρόπων.

**ΕΡ.**   Ἀλλ' ἡγεμόνιον.

**ΚΑ.**                    Ἀλλ' ὁ θεὸς ἤδη βλέπει.
         "Ωσθ' ἡγεμόνος οὐδὲν δεησόμεσθ' ἔτι.           1160

**ΕΡ.**   Ἐναγώνιος τοίνυν ἔσομαι. Καὶ τί ἔτ' ἐρεῖς;
         Πλούτῳ γάρ ἐστι τοῦτο συμφορώτατον,
         ποεῖν ἀγῶνας μουσικοὺς καὶ γυμνικούς.

**ΚΑ.**   Ὡς ἀγαθόν ἐστ' ἐπωνυμίας πολλὰς ἔχειν.
         Οὗτος γὰρ ἐξηύρηκεν αὑτῷ βιότιον.            1165
         Οὐκ ἐτὸς ἅπαντες οἱ δικάζοντες θαμὰ
         σπεύδουσιν ἐν πολλοῖς γεγράφθαι γράμμασιν.

**ΕΡ.**   Οὐκοῦν ἐπὶ τούτοις εἰσίω;

**ΚΑ.**                          Καὶ πλυνέ γε
         αὐτὸς προσελθὼν πρὸς τὸ φρέαρ τὰς κοιλίας,
         ἵν' εὐθέως διακονικὸς εἶναι δοκῇς.            1170

---

234. Allusion à une autre épiclèse d'Hermès. E*mpolaios* signifie « inspecteur des marchés ».

235. Invention comique qui souligne l'idée que les Athéniens se faisaient des commerçants de détail, les *kapeloi*, passés maîtres en tromperies de toute sorte. D'où l'allusion à l'épiclèse d'Hermès *Dolios*, « dupeur », « rusé », citée au vers suivant.

236. Sur Hermès *Hegemonios*, « guide », voir *Iliade*, 24, 333-694 ; *IG* II² 1496 A 84-85 ; *SEG* 23, 547, 53.

237. Allusion à l'épiclèse *Enagonios*, « des concours », « intendant des concours » qui s'appliquait à Hermès du moins depuis Pindare, *Pythiques*, 2, 10 ; *Isthmiques*, 1, 60 ; *Olympiques*, 6, 79 ; Eschyle,

CARION.– Tourner? Mais nous n'avons que faire de tours.

HERMÈS.– Faites de moi un commerçant[234].

CARION.– Nous sommes riches. Qu'avons-nous besoin d'un Hermès revendeur?[235]

HERMÈS.– Comme dupeur alors.

CARION.– Dupeur? Ah non! Nous n'avons que faire de duperie à présent, il nous faut des mœurs simples.

HERMÈS.– Comme guide[236].

CARION.– Mais le dieu désormais voit clair; de guide nous n'avons plus le moindre besoin.

HERMÈS.– C'est donc président des jeux que je serai[237]. Qu'as-tu à redire cette fois? Ploutos ne peut rien faire de plus avantageux que d'instituer des jeux des Muses et des jeux gymniques[238].

CARION.– Comme il fait bon d'avoir plusieurs sur-noms! Car celui-ci a trouvé moyen de gagner sa petite vie. Ce n'est pas pour rien que tous ceux qui jugent travaillent souvent pour être inscrits dans plusieurs sections.

HERMÈS.– Alors, c'est entendu, j'entre?

CARION.– Oui, et va au puits laver toi-même les tripes[239] afin de montrer tout de suite que tu es propre à servir. *(Ils entrent tous deux.)*

*Par la droite entre un prêtre de Zeus.*

---

*Choéphores*, 727-729 ; fr 384 N² ; Simonide, fr. 555, 1 *PMG*, Pausanias, 5, 14, 9. Cette épiclèse se réfère aussi à l'Hermès des palestres et des gymnases. Cf. Holzinger, 1940, 315 ; Parker, 2005, p. 328 et p. 391.

238. Littéralement : « faire des concours musicaux et gymniques ». Le coût des fêtes comportant des concours était très important. À Athènes, des particuliers étaient astreints à des liturgies, comme la chorégie ou la gymnasiarchie en vue de la tenue de ces concours. Pour le coût de ces liturgies, voir particulièrement Lysias, 21. Cf. Davies, *APF*, p. xxi ; Wilson, 2000.

239. Dans la comédie, Hermès apparaît souvent comme le serviteur des dieux. Cf. *Paix*, 180-202. Allusion probable à Hermès *Diakonios*.

**ΙΕΡΕΥΣ**
Τίς ἂν φράσειε ποῦ 'στι Χρεμύλος μοι σαφῶς;

**ΧΡ.** Τί δ' ἐστίν, ὦ βέλτιστε;

**ΙΕ.** Τί γὰρ ἄλλ' ἢ κακῶς;
'Αφ' οὗ γὰρ ὁ Πλοῦτος οὗτος ἤρξατο βλέπειν,
ἀπόλωλ' ὑπὸ λιμοῦ· καταφαγεῖν γὰρ οὐκ ἔχω,
καὶ ταῦτα τοῦ σωτῆρος ἱερεὺς ὢν Διός. 1175

**ΧΡ.** 'Η δ' αἰτία τίς ἐστιν, ὦ πρὸς τῶν θεῶν;

**ΙΕ.** Θύειν ἔτ' οὐδεὶς ἀξιοῖ.

**ΧΡ.** Τίνος οὕνεκα;

**ΙΕ.** "Οτι πάντες εἰσὶ πλούσιοι. Καίτοι τότε,
ὅτ' εἶχον οὐδέν, ὁ μὲν ἂν ἥκων ἔμπορος
ἔθυσεν ἱερεῖόν τι σωθείς, ὁ δέ τις ἂν 1180
δίκην ἀποφυγών, ὁ δ' ἂν ἐκαλλιερεῖτό τις
κἀμέ γ' ἐκάλει τὸν ἱερέα· νῦν δ' οὐδὲ εἷς
θύει τὸ παράπαν οὐδὲν οὐδ' εἰσέρχεται,
πλὴν ἀποπατησόμενοί γε πλεῖν ἢ μύριοι.

**ΧΡ.** Οὔκουν τὰ νομιζόμενα σὺ τούτων λαμβάνεις; 1185

**ΙΕ.** Ι ὃν οὖν Δία τὸν σωτῆρα καὐτός μοι δοκῶ
χαίρειν ἐάσας ἐνθάδ' αὐτοῦ καταμένειν.

**ΧΡ.** Θάρρει· καλῶς ἔσται γάρ, ἢν θεὸς θέλῃ.
'Ο Ζεὺς ὁ σωτὴρ γὰρ πάρεστιν ἐνθάδε,
αὐτόματος ἥκων.

240. Les émoluments des prêtres étaient souvent en nature : langue, cuisse ou peau des victimes. Cf. Le Guen, 1991, pp. 147-155.

241. Placé sous la responsabilité de l'archonte éponyme (Aristote, *Constitution d'Athènes*, 56, 5), Zeus Sôter était honoré au Pirée. Ses fêtes, *Diisôteria*, concernaient non seulement les *naucleroi* et les *emporoi* (astreints à payer une drachme pour son culte, *IG* I³ 130, 17), mais aussi tous les Athéniens et étaient très populaires vers 330 av. J.-C. Sur ce point, voir Mattingly, 1996, p. 113 ; Parker, 1996, p. 240 et 2005, pp. 466-467.

Le prêtre.– Qui pourrait me dire qu'une manière sûre où est Chrémyle ?

Chrémyle.– *(Sortant de chez lui.)* Qu'y a-t-il, mon très bon ?

Le prêtre.– Quoi d'autre que du mauvais ? Depuis que le dieu que tu sais a commencé à voir clair, je suis mort de faim[240]. Car je n'ai rien à mettre sous la dent, et cela tout en étant prêtre de Zeus sauveur[241].

Chrémyle.– Et la cause, quelle est-elle, au nom des dieux ?

Le prêtre.– Personne ne daigne plus sacrifier.

Chrémyle.– Pour quelle raison ?

Le prêtre.– Parce que tous sont riches. Et pourtant, au temps où ils n'avaient rien, tantôt un marchand, à son retour, sacrifiait une victime pour avoir été sauvé, tantôt un homme acquitté en justice ; tel autre sacrifiait pour avoir des auspices favorables, et il m'invitait, moi le prêtre[242]. Maintenant pas un n'offre le moindre sacrifice, ni n'entre au temple, hormis des gens pour y faire leurs ordures, plus de dix mille[243].

Chrémyle.– *(À part.)* Eh bien, ne reçois-tu pas ta part habituelle de ces offrandes ?

Le prêtre.– Or donc, le Zeus sauveur, moi aussi je veux l'envoyer promener, pour demeurer ici même.

Chrémyle.– Sois tranquille ; tout ira bien, si Dieu le veut. Car le Zeus Sauveur est ici présent ; de lui-même il est venu.

---

242. Le prêtre évoque ici les sacrifices apotropaïques ou propitiatoires, réalisés au nom des particuliers et non pas de la communauté tout entière. Sur les sacrifices privés, voir *LSA*, n° 44 et Le Guen, 1991, n° 44.

243. Ce chiffre indique, avec exagération (voir v. 194), le nombre de ceux qui s'adonnent désormais à l'impiété. Les prescriptions concernant la propreté des sanctuaires que l'on lit dans les lois sacrées suggèrent que les Grecs ne faisaient pas beaucoup de cas de ce lieu, où ils abandonnaient parfois leurs ordures. Sur ce point, voir *LSS*, n° 53 (Délos, 202/201 av. J.-C.) et Le Guen, 1991, n° 19.

ΙΕ.                    Πάντ' ἀγαθὰ τοίνυν λέγεις.    1190

ΧΡ.    Ἱδρυσόμεθ' οὖν αὐτίκα μάλ' — ἀλλὰ περίμενε —
       τὸν Πλοῦτον, οὗπερ πρότερον ἦν ἱδρυμένος,
       τὸν ὀπισθόδομον ἀεὶ φυλάττων τῆς θεοῦ.
       Ἀλλ' ἐκδότω τις δεῦρο δᾷδας ἡμμένας,
       ἵν' ἔχων προηγῇ τῷ θεῷ σύ.

ΙΕ.                              Πάνυ μὲν οὖν    1195
       δρᾶν ταῦτα χρή.

ΧΡ.                Τὸν Πλοῦτον ἔξω τις κάλει.

ΓΡ.    Ἐγὼ δὲ τί ποιῶ;

ΧΡ.                   Τὰς χύτρας, αἷς τὸν θεὸν
       ἱδρυσόμεθα, λαβοῦσ' ἐπὶ τῆς κεφαλῆς φέρε
       σεμνῶς· ἔχουσα δ' ἦλθες αὐτὴ ποικίλα.

ΓΡ.    Ὧν δ' οὕνεκ' ἦλθον;

ΧΡ.                        Πάντα σοι πεπράξεται.    1200
       Ἥξει γὰρ ὁ νεανίσκος ὅς σ' εἰς ἑσπέραν.

ΓΡ.    Ἀλλ' εἴ γε μέντοι νὴ Δι' ἐγγυᾷ σύ μοι
       ἥξειν ἐκεῖνον ὡς ἔμ', οἴσω τὰς χύτρας.

ΧΡ.    Καὶ μὴν πολὺ τῶν ἄλλων χυτρῶν τἀναντία
       αὗται ποιοῦσι. Ταῖς μὲν ἄλλαις γὰρ χύτραις    1205
       ἡ γραῦς ἔπεστ' ἀνωτάτω, ταύτης δὲ νῦν
       τῆς γραὸς ἐπιπολῆς ἔπεισιν αἱ χύτραι.

244. Salle arrière d'un temple. Le trésor des Athéniens ou le trésor
d'Athéna était conservé dans le Parthénon et plus précisément dans
son opisthodome. En 431, avant le déclenchement de la guerre du
Péloponnèse, il s'élevait à 9 700 talents.

245. Les canéphores transportaient des corbeilles où étaient placés
des graines et parfois le couteau qui servirait au sacrifice. Choisies
parmi les meilleures familles d'Athènes, elles devaient porter, comme
le suggère le texte, des vêtements somptueux. Pour les canéphores, cf.
Aristophane, *Acharniens*, 253-260; *Lysistrata*, 646-647; 1189-1193;
*Assemblée des Femmes*, 730-733.

LE PRÊTRE.– Tout va bien, alors, d'après ce que tu dis.

CHRÉMYLE.– Nous allons donc à l'instant même *(Le Prêtre veut entrer.)* – reste seulement6 installer Ploutos où il était d'abord installé, comme gardien à jamais de l'opisthodome[244] de la déesse. – *(Appelant.)* Allons, qu'on apporte ici des torches allumées. – *(Au Prêtre.)* Tu les tiendras pour les porter devant le dieu, toi.

LE PRÊTRE.– C'est absolument ce qu'il faut faire.

CHRÉMYLE.– Qu'on appelle Ploutos pour qu'il sorte.

*Ploutos s'avance, suivi de la Vieille.*

LA VIEILLE.– Et moi, que dois-je faire ?

CHRÉMYLE.– Prends les marmites avec lesquelles nous installerons le dieu, et porte-les sur la tête avec majesté. D'ailleurs tu es venue avec une robe brodée[245].

LA VIEILLE.– Et l'affaire pour laquelle je suis venue ?

CHRÉMYLE.– Tout s'arrangera pour toi. Le petit jeune homme ira te trouver sur le soir.

LA VIEILLE.– Eh bien, par Zeus, si réellement tu réponds qu'il viendra me trouver, je porterai les marmites[246]. *(Elle les porte sur sa tête.)*

CHRÉMYLE.– Ah vraiment, il arrive à ces marmites tout le contraire des autres. Car dans les autres marmites la peau ridée est tout au-dessus ; ici c'est à la surface de la peau ridée que se tiennent les marmites[247].

*Ploutos se met en marche solennellement, suivi de la Vieille.*

246. Lors de l'installation d'une divinité, les Anciens faisaient des sacrifices sanglants ou l'honoraient avec de la nourriture, d'où la marmite. Cf. *Paix*, 923-924 ; fr. 256 K.-A

247. Chrémyle joue sur le sens de *graus*, «vieille» et «peau» (ou «crème», pour le lait) ou pellicule qui se forme à la surface des aliments laissés à refroidir. Sur ce point, Athénée, 13, 585 c ; Holtzinger, 1940, *ad. v.*

ΧΟ. Οὐκέτι τοίνυν εἰκὸς μέλλειν οὐδ' ἡμᾶς, ἀλλ' ἀναχωρεῖν
εἰς τοὔπισθεν· δεῖ γὰρ κατόπιν τούτων ᾄδοντας ἕπεσθαι.

LE CORYPHÉE.– Or donc, il convient que nous aussi nous ne tardions plus, mais que nous nous retirions en arrière. Mettons-nous derrière ceux-ci et en chantant suivons-les.

*Ainsi font-ils. Le cortège traverse lentement l'Orchestra et sort par la droite.*

# Index des noms propres

**Agyrrhios.** Originaire du dème de Collytos, Agyrrhios
(*PA* 179; *LGPN* 1) fut un démagogue athénien, actif
dès la fin du ve siècle av. J.-C. Selon des scholies aux
*Grenouilles*, 367 et *Assemblée des Femmes*, 102 (qui
citent également Platon le Comique, *Skenas Katalambanousai*, fr. 141 K.-A. et Sannyrion, *Danaé*, 9
K.-A.), Agyrrhios aurait été responsable de la diminu-
tion du salaire des poètes dramatiques vers 406/405
av. J.-C. En 403 av. J.-C., il a été secrétaire du Conseil
(*IG* II¹, 41 et II², 1 et 6). Il aurait été responsable
de l'institution du *misthos ekklesiastikos* à la fin du
ve siècle et de l'augmentation de cette indemnité au
ive siècle (Aristote, *Constitution d'Athènes*, 41, 3).
C'est à lui également que les Athéniens devaient la
restauration du *theorikon*. Après la mort de Thrasy-
bulos, Agyrrhios a été élu stratège en 389/8. (Sur son
élection, voir Platon, fr. 201 K.-A.). Si l'on en croit
Andocide, 1, 133-5, en 402/401, comme aux alentours de 390, il était un associé du banquier Pasion,
et, en 375, il était à nouveau un des *telonai*, fermiers
de la taxe du blé. Il fut mis en prison pour dettes.
Pour une étude de la carrière d'Agyrrhios, cf. Davies,
1971, *APF*, 278-279; Stroud, 1998, pp. 16-25.

**Araros.** Un des trois fils d'Aristophane. Il aurait débuté
au théâtre de Dionysos en mettant en scène les pièces

de son père, puis aurait fait une carrière couronnée
de succès.

**Artaxerxès.** Voir **Grand Roi**.

**Aristyllos.** Cet Athénien (*PA* 2126 ; *LGPN*, 2) n'est pas
connu en dehors de la poésie d'Aristophane. Certains,
comme Thiercy, considèrent qu'il était un coprophile.
D'autres comme Treu, qu'il était réputé pour la pratique de la fellation, évoquée également dans l'*Assemblée des Femmes*, 647-650 ; *Gens* de *Télémessos*,
fr. 551 K.-A. D'après l'*Etymologycum Magnum*, Aristyllos serait l'hypocoristique d'Aristoclès.

**Callicratos.** Acteur et *Didaskalos* qui aurait joué un rôle
important dans la carrière d'Aristophane. Il aurait mis
en scène les *Banqueteurs*, les *Babyloniens*, les *Acharniens*, les *Oiseaux* d'Aristophane.

**Conon.** Athénien, issu d'une famille aisée, Conon (*PA*
8707, *LGPN*, 21) a maintes fois exercé la stratégie.
À partir de 407 av. J.-C., il a commandé la flotte athénienne en Égée et dans l'Hellespont. L'échec de la
bataille d'Aigos Potamos le pousse à s'exiler auprès
des princes de Salamine de Chypre, sujets du Grand
Roi. Au début du IVe siècle, il va jouer un grand rôle
auprès des Perses puisqu'on le tient pour un des res-
ponsables du renouveau de la flotte royale, flotte qu'il
commande aux côtés de Pharnabaze. À Cnide, en
394 av. J.-C., ces commandants obtiennent une victoire écrasante sur la flotte spartiate. À la suite de
cette bataille, Conon rentre à Athènes apportant à ses
compatriotes des subsides et quelques bateaux. Puis
il se lance dans une campagne égéenne dans le but
de reconstituer une alliance athénienne. Devenu *per-
sona non grata* auprès des Perses. Conon s'éteint en
392 av. J.-C.

**Denys de Syracuse.** Tyran de Sicile entre 405 et 367. En
389, Denys dominait non seulement la Sicile, mais
également une partie de l'Italie du Sud. Les Athéniens ont cherché une alliance avec celui qu'ils nom-

maient l'archonte de Sicile (décret athénien en son honneur, *IG* II² 18, 393 av. J.-C.; Lysias 19, *Sur les biens d'Aristophane*, 19-20) pour l'empêcher de porter secours à leurs ennemis, les Lacédémoniens, pendant la guerre de Corinthe (Lysias, 33, *Discours olympique*, 5-6). Cependant, en 387 av. J.-C., il envoie aux Lacédémoniens une flotte (Xénophon, *Helléniques*, 5, 1, 26), malgré les appels que Lysias lance en 388 av. J.-C. dans son *Discours olympique*, en faveur de l'union des Grecs. En 367, les Athéniens accordent le premier prix des concours de tragédie à Denys pour sa *Rançon d'Hector*. Mais est-ce à Denys de Syracuse qu'Aristophane faisait allusion dans le *Ploutos*? C'est plus que probable. Cependant, selon les scholiastes, le poète se référait à Denys de Collytos, stratège en 388/287.

**Dexinicos.** Illustre inconnu. Il s'agit probablement d'un nom propre forgé par Aristophane pour provoquer le rire. Littéralement *Dexinikos* est « celui qui est adroit dans la victoire ».

**Eudémos.** Artisan réputé au IVᵉ siècle, si l'on en croit Théophraste, *Histoire des Plantes* IX, 17, 2. Il était fabricant de remèdes et des talismans. L'anneau qu'il vend au Juste du *Ploutos* est un *pharmakitès*, un talisman qui doit le protéger des morsures de serpents, scorpions et autres animaux venimeux. Pour les *pharmakopolai*, cf. *Nuées*, 766 *sq.* Sur ce personnage, représentant de la médecine populaire et magique, cf. Jouanna, 2000, p. 285.

**Grand Roi.** Au moment de la représentation du *Ploutos*, Artaxerxès Mnemon était le roi des Perses. Ayant soutenu une coalition de cités grecques qui déboucha sur la guerre de Corinthe (Xénophon, *Helléniques*, 3, 5, 1), et à laquelle avaient adhéré les Athéniens, le Grand Roi s'en détourne au profit de Sparte qui, affaiblie ne peut plus s'immiscer dans les affaires des cités grecques d'Asie ni porter préjudice au Grand Roi en tentant de conquérir son territoire, comme ce fut le cas au début du IVᵉ siècle, au moment où Agésilas pousse ses troupes jusqu'au Pactole. Sur ce point, cf. Xénophon, *Helléniques*, 3, 4, 21 *sq.* Voir aussi Briant, 1996, 656 *sq.* Les richesses du Grand Roi étaient un des fantasmes des Grecs.

**Iphicrate.** Né vraisemblablement vers 415 av. J.-C. dans une famille obscure, Iphicrate devient célèbre grâce à son génie militaire. Lors de la guerre de Corinthe, et plus particulièrement en 390 av. J.-C., commandant une troupe de peltastes (fantassins légèrement armés), il obtient une écrasante victoire sur les Spartiates. À la fin de cette guerre, il offre ses services aux Thraces et consolide son rapport avec eux en épousant la fille de Cotys. Il revient à Athènes en 373 av. J.-C. Élu stratège, il défend les intérêts d'Athènes à Corcyre (369), puis à Amphipolis (367-364). Son échec lors de cette expédition le pousse à se retirer en Thrace. Après la bataille d'Embata (355), il est poursuivi en justice par Charès, mais obtient son acquittement. Selon Denys d'Halicarnasse, *Lysias,* 12, il serait l'auteur de deux plaidoyers, aujourd'hui perdus.

**Laïs.** Courtisane originaire de Corinthe. Athénée, 13, 592 c-d, observe que le nom de la courtisane aimé de Philonidès (1) était Naïs alors que son tuteur était Archias. Aristophane l'aurait également mentionnée dans le *Gérytades*, 179 K.-A., Philetairos, dans son *Kunagis*, fr. 9 K.-A, et Lysias, dans le *Contre Philonidès*, fr. 18 Gernet (= fr. 82 Thal.). Voir aussi Athénée, 13, 586 e. Sur la question, cf. Holzinger, 1940, pp. 50-63 ; Davies, 1971, *APF*, p. 422.

**Néoclidès.** Probablement un démagogue du début du IVᵉ siècle av. J.-C. Néoclidès (*PA* 10631 ; *LGPN*, 4) fait l'objet des moqueries d'Aristophane également dans l'*Assemblée des Femmes*, 254 ; 398 ; *Cygognes*, fr. 454 K.-A. (et scholie au v. 665 du *Ploutos*). Dans cette comédie, le poète l'affuble du terme de *glamôn*,

« châssieux », par lequel il désignait également un démagogue de la fin du V$^e$ siècle, Archédémos (*Grenouilles*, 588 ; voir aussi Lysias, 14, *Contre Alcibiade*, 1, voleur des biens publics). Pour les jeux entre aveugle et chassieux, cf. Taillardat, 1965, p. 270 ; Saetta-Cottone, 2005, p. 179.

**Pamphilos (1).** Athénien du dème de Keiriadai (*PA* 11545 ; *LGPN*, 52), Pamphilos servit comme hipparque lors de la guerre de Corinthe, en 395 av. J.-C. Élu stratège en 389/388 av. J.-C., il commanda l'expédition d'Égine (Xénophon, *Helléniques*, 5, 1, 2). Comme Aristophane, Platon le comique, *Les Femmes rentrant du temple*, fr. 14 K= K.-A. (scholie au v. 174 du *Ploutos*), l'accusait de voler les biens publics et d'être un sycophante. Si l'on en croit Démosthène, 24, *Contre Timocratès*, 135, Pamphilos a été mis en prison. Ces biens auraient été confisqués et vendus ; mais à sa mort, il devait encore 5 talents (cf. Démosthène, 40, *Contre Boetos II*, 22). Sur ce riche athénien, voir Davies, *APF*, 365. Certains font de notre Pamphilos un citoyen du dème de Lamptres (*LGPN*, 42).

**Pamphilos (2) :** Peintre originaire d'Amphipolis qui s'installa par la suite à Sicyone où il fut le maître d'Apelle, Pausias et de Mélanthios. Outre sa *Bataille de Phlius*, les sources anciennes retiennent ses *Héraclidès*. Ce tableau représentait les enfants d'Héraclès, venus en suppliants à Athènes, poursuivis par Eurysthée. Il pouvait être admiré dans le Portique Poécyle. Sur ce point, cf. Pline l'Ancien, *HN*, 35-40. Pamphilos disposait vraisemblablement d'un grand talent pour le dessin, matière qu'il a introduit dans le cursus de son école de peinture à Sicyone. Certains spécialistes, comme Holzinger, considèrent qu'il s'agit du même Pamphilos, stratège athénien, cité au v. 174. Si tel est le cas, le *mythos* qu'il aurait conté lors de son procès pouvait être celui des Héraclides, sujet de la

tragédie homonyme d'Euripide. Aristophane aurait pu
mélanger les deux individus, pour provoquer le rire.
Par ailleurs, comme le souligne Sommerstein, *ad v.*,
les Héraclides sont présentés dans la pièce d'Euripide,
v. 70, comme «les suppliants de Zeus Agoraios».

**Patroclès.** Athénien riche réputé par son avarice sordide,
d'où le proverbe «plus avare que Patroclès» (Apos-
tolidès, 3, 100 Leutsch). H. Van Daele, dans ses notes
au *Ploutos*, observe que Platon, *Euthydème*, 297 e,
cite un Patroclès qui serait frère utérin de Socrate.
La crasse de Socrate et de Patroclès serait donc chez
Aristophane, *Nuées*, 830-838, une affaire de famille.
Ce personnage est évoqué dans les *Cygognes*, fr. 455
K.-A. (scholie aux v. 84 du *Ploutos*) et probablement dans *Oiseaux*, 1281-1283, quand Aristophane
se moque de Socrate. D'après un scholiaste, Patroclès était un poète tragique (*PA* 1192, *LGPN* 4, *TrGF*
57). Sommerstein, *ad v.*, observe que le scholiaste
a pu confondre notre Patroclès et le poète tragique
homonyme originaire de Thourioi (*TrGF* 58). En tout
cas, les sources du Vᵉ siècle sont muettes quant à ses
exploits poétiques.

**Pauson.** Peintre (Aristote, *Poétique*, 1448 a 6; *Politiques*, 1340a36) dont la pauvreté était proverbiale. Cf.
*Thesmophories*, 949-952; Eupolis, *Dèmes*, fr. 99 K.-
A. Pour la nouveauté de sa peinture, voir Plutarque,
*Moralia*, 396 e; Aristote, *Météorologiques*, 1050a19;
Elien, *VH* XIV, 15. Ce peintre était également connu
pour ses plaisanteries: *Acharniens*, 854; Heniochos,
*Trochilos*, fr. 4 K.-A. Le nom de cet individu permet
au poète de faire un jeu de mot plaisant: Pauson se
fonde sur le verbe *pauô*, «cesser». Ce nom est donc
tout à fait approprié pour quelqu'un qui ne dispose pas
de richesses ou que vit dans une situation précaire.

**Pharnabaze.** Satrape de Phrygie. Allié d'abord des Spartiates pendant la guerre du Péloponnèse, il semble
être à l'origine de l'assassinat d'Alcibiade. Malgré

les liens d'amitié qu'il tisse avec Agésilas (Xénophon, *Helléniques*, 4, 1, 29 *sq*., lors de la guerre de
Corinthe, il va œuvrer activement contre les Spartiates. Favorisant la reconstitution de la flotte royale,
il la dirige aux côtés de Conon en 394 et participe à la
victoire de Cnide qui prive Sparte de son hégémonie
maritime en Egée. Les rapports privilégiés qu'il entretient avec Conon (donc avec Athènes) sont probablement la cause de son rappel à Suse en 392. Le Grand
Roi lui confie la direction des opérations militaires
qui visaient à ramener l'Égypte dans son giron (385-
383). Pharnabaze échoue et meurt rapidement après
ces événements.

**Philepsios.** Selon Démosthène, 24, *Contre Timocratès*,
135, ce citoyen du dème de Lamptres aurait été
emprisonné pour dettes. Certains considèrent qu'il
aurait trempé dans une affaire de corruption concernant les taxes, au même titre qu'Agyrrhios. Cf. Cantarella, *ad loc*. Si tel est le cas, Chrémyle suggére-
rait que la défense présentée par Philepsios lors de
son jugement n'était qu'un tissu de mensonge. Une
telle interprétation, va de pair avec Harpocration,
Φ 16. Cependant, un scholiaste observe que pour se
nourrir cet individu, frappé d'indigence, racontait des
histoires, des contes, des plaisanteries, probablement
dans les *symposia*. En d'autres termes, il était un *gelo-
topoios*, comme Philippe, dans le *Banquet* de Xénophon. Quant à Platon, poète comique contemporain
d'Aristophane, fr. 238 K.-A., il ridiculisait sa laideur
et son bavardage incessant. Sur l'expression «conter
des contes», cf. *Guêpes*, 566. Sur le procès concernant Philepsios, voir Taylor, 2001, p. 60.

**Philonidès (1).** Plusieurs Athéniens portaient ce nom à la
fin du Vᵉ et au début du IVᵉ siècle. Le plus connu dans
le monde du théâtre est sans doute le poète-*didaskalos* responsable de la mise en scène de plusieurs
comédies d'Aristophane (*Guêpes*, *Amphiaraos*, *Gre-*

*nouilles*). Sur Philonidès de Kydathénée, cf. Sutton, 1987, pp. 9-36; Mastromarco, 1979, pp. 153-196; Halliwell, 1980, pp. 33-45; MacDowell, 1995, pp. 35-41.

**Philonidès (2).** Athénien, originaire du dème de Mélité (Philonidès, *PA* 14907, *LGPN* 52), réputé uniquement pour sa richesse, sa laideur, sa vulgarité et sa bêtise. Voir aussi Platon le comique, *Laïos*, fr. 65 K.-A.; Nicocharès, *Galateia*, 4 K.-A.; Théopompe, *Aphrodite*, 5 K.-A.; Philyllius, 22 K.-A. Sur Philonidès, voir Davies, 1971, *APF*, pp. 421-425.

**Thrasybule.** Athénien, fils de Lycos, Thrasybule de Steira (*PA* 7310; *LGPN*, 22) a été une figure de premier plan à Athènes entre la fin du Vᵉ siècle et le début du IVᵉ siècle, ayant exercé à maintes reprises la stratégie. Banni par les oligarques en 404, il a été le héros de la restauration démocratique de 403 av. J.-C., raison pour laquelle les personnages du *Ploutos* affirment qu'il n'est pas semblable à Denys (405-367 av. J.-C.), le tyran de Syracuse. Cependant, les commentateurs du *Ploutos* se demandent si les propos du poète ne sont pas ironiques. En effet, alors que Thrasybule fut le héros de la démocratie, entre 411 et 403 av. J.-C., il aurait agi en tyran dans les années qui ont précédé la représentation du *Ploutos*. Si Xénophon, *Helléniques* 4, 8, 31 porte un jugement positif sur l'Athénien, Lysias, 16, *Pour Mantithéos*, 15, souligne son arrogance et Aristophane, *Assemblée des Femmes*, 203 (voir aussi scholies) l'accuse de corruption. Par ailleurs, selon Lysias, 28, *Contre Ergoclès*, 5-8, il aurait tenté de faire de Byzance, que lui avaient livré Archébios et Héracleidès (Démosthène, 20, *Contre Leptine*, 60), une base pour lancer des opérations et contrôler les Détroits. Sur ce point, cf. Strattis, fr. 20 K.-A.; Lysias, 16, *Pour Mantithéos*, 15. Pour la carrière de Thrasybule, voir Buck, 1998.

**Timothée.** Fils de Conon, stratège athénien qui fuit

Athènes à la fin de la Guerre du Péloponnèse. Timothée (*PA* 13679; *LGPN*, 32) hérite d'une fortune de
près de 20 talents à la mort de son père (17, selon
Lysias, 19, *Sur les biens d'Aristophane*, 40). Certains
spécialistes considèrent qu'il aurait alors construit une
maison tellement imposante qu'elle suscitait l'envie
des contemporains (cf. Holden, *s.v.* Timotheus) qui
l'appelaient *pyrgos*, «tour». D'autres, qu'il aurait fait
construire une tour à *Tychè*, Fortune. Cependant, il
n'est pas exclu qu'Aristophane, dans le *Ploutos*, fasse
allusion à la réfection des fortifications d'Athènes
qui débutent avant le retour de Conon, mais qui prennent un nouvel élan grâce à l'argent perse qu'il rapporte dans sa ville natale (Xénophon, *Helléniques*, 4,
8, 9-10). La tour de Timothée pourrait être comprise
comme sa contribution aux travaux de relèvement des
fortifications athéniennes (voir Davies, *APF*, 509).
Plus tard, il sera un des stratèges les plus importants
d'Athènes jusqu'à la bataille d'Embata en 355. Sur
Timothée, cf. Nepos, *Timothée*. Voir aussi Davies,
1971, *APF*, 506-512.

**Philoxénos.** Originaire de Cythère, Philoxénos serait né
vers 436 av. J.-C. Poète du dithyrambe, il a vécu à la
cour de Denys de Syracuse. Ce dernier l'envoya aux
Latomies (Élien, *VH* 12.44) parce qu'il avait osé se
moquer de lui dans son *Cyclope* (parodié par Aristophane dans le *Ploutos*).

# Structure du *Ploutos*

| | |
|---|---|
| Prologue | vv. 1-252 |
| *Parodos* | vv. 253-321 |
| Scènes iambiques. | vv. 322-414 |
| Scène iambique. *Proagôn* | vv. 414-486 |
| *Agôn* | vv. 487-618 |
| Scènes iambiques | vv. 619-1207 |
| Exode | vv. 1208-1209 |

# Les œuvres d'Aristophane

| date | Titre | Concours | *Didaskalos* | Prix |
|------|-------|----------|--------------|------|
| 427 | *Banqueteurs* | ? | Callistratos | 2e |
| 426 | *Babyloniens* | Dionysies | Callistratos | ? |
| 425 | *Acharniens* | Lénéennes | Callistratos | 1er |
| 424 | *Cavaliers* | Lénéennes | Aristophane | 1er |
| 423 | *Nuées* (première version) | Dionysies | Aristophane | ? |
| 422 | *Guêpes* | Lénéennes | Aristophane | 2e |
| 422 | *Proagón* | Lénéennes | Philonides | 1er |
| 421 | *Paix* | Dionysies | | 2e |
| 414 | *Amphiaraos* | Lénéennes | Philonides | ? |
| 413 | *Oiseaux* | Dionysies | Callistratos | 2e |
| 411 | *Lysistrata* | Lénéennes? | Callistratos | ? |
| 411 | *Thesmophories* | Dionysies? | Inconnu | ? |
| 408 | *Ploutos I* | ? | ? | ? |
| 405 | *Grenouilles** | Lénéennes | Philonides | 1er |
| 392? | *Assemblée des Femmes* | ? | ? | ? |
| 388 | *Ploutos II* | ? | Aristophane | 1er? |
| Après 388 | *Eolosicon* | ? | Araros | ? |
| Après 388 | *Cocalos* | ? | Araros | ? |

\* Aristophane a probablement mis en scène une reprise des *Grenouilles*, soit en 405, soit très peu de temps après.

Les autres œuvres d'Aristophane sont: *Anagyros
(Anaguros)*; *Paysans (Geôrgoi)*; *Vieillesse (Gêras)*;
*Gérytadès (Gêrutadès)*; *Dédale (Daidalos)*; *Danaïdes
(Danaides); Dionysos naufragé (Dionusos nauagos)*;
*Drames ou le Centaure (Dramata ê kentauros); Drames
ou Niobos (Dramata ê Niobos)* ; *Paix* II *(Eirenè B)*;
*Héros (Hêrôes)*; *Thesmophories* II *(Thesmophoria-
zousai B)* ; *Lemniennes (Lêmnai)*; *Iles (Nêsoi)*; *Nuées II
(Nephêlai B)* *; *Cargos (Holkades)*; *Cygognes (Pelargoi)*;
*Poésie (Poiêsis)*; *Polyidos (Poluidos)* ; *Campement des
femmes (Skênas katalambanousai)* ; *Rôtisseuses (Tagê-
nistai)*; *Gens de Télémessos (Telemêssês)*; *Triphalès
(Triphalès)*; *Phéniciennes (Phoinissai)*; *Heures (Hôrai)*.

Pour les fragments des comédies d'Aristophane, voir
l'édition de Kassel-Austin, *PCG*.

---

* Ce sont ces *Nuées* que nous pouvons lire aujourd'hui. La date
de la représentation de cette pièce (si représentation il y a eu) est
inconnue.

# Repères chronologiques

431 Début de la Guerre du Péloponnèse. (431-421 «Guerre d'Archidamos».). Invasions de l'Attique par les Péloponnésiens, attaques athéniennes sur le Péloponnèse.

430-429 Épidémie de peste ou de typhus à Athènes.

428 Défection de Mytilène.

427 Aristophane, *Banqueteurs*.

426 Aristophane, *Babyloniens*.

425 Capitulation des Spartiates à Sphactérie. Cléon, stratège athénien, fait échouer une proposition de paix spartiate. *Acharniens*.

424 Aristophane, *Cavaliers*.

424-423 Campagnes de Brasidas en Chalcidique et en Thrace.

423 Aristophane, *Nuées* (première version).

422 Mort de Brasidas et de Cléon devant Amphipolis. *Guêpes* et *Prougôn*.

421 Paix de cinquante ans, dite de Nicias. Aristophane, *Paix*.

418 Bataille de Mantinée (victoire spartiate).

416 Affaire de Mélos.

415 Expédition de Sicile.

413 Echec de l'expédition de Sicile.

413 Aristophane, *Oiseaux*.

412 Accords entre Sparte et le Grand Roi.

411 Aristophane, *Lysistrata* et *Thesmophories*.

411 Révolution oligarchique à Athènes.

410 Restauration démocratique.

406 Bataille des Arginuses. Victoire d'Athènes sur la flotte spartiate.

405 Aristophane, *Grenouilles*.

404 Bataille d'Aigos Potamos. Victoire de Sparte.

404 Capitulation d'Athènes. Gouvernement des Trente (dite « tyrannie des Trente »). Destruction des Longs Murs. Athènes adopte la constitution oligarchique. Guerre civile.

403 Restauration de la démocratie. Amnistie.

401-400 Révolte de Cyrus le Jeune contre son frère Artaxerxès II, Grand Roi de Perse. Expédition des Dix Mille. Mort de Cyrus.

399 Procès et mort de Socrate.

397 Conspiration de Cinadon à Sparte. Campagne d'Agésilas, roi de Sparte, en Asie.

396 Campagne d'Agésilas contre les Perses en Asie mineure.

395 Début de la Guerre de Corinthe. Mort de Lysandre, le vainqueur d'Aigos Potamos.

394 Bataille de Némée, de Coroné. Rappel d'Agésilas. Bataille navale de Cnide. Victoire des Perses sur les Spartiates.

392 Premières tractations en vue de la paix. Aristophane, *Assemblée des Femmes*.

390 Victoire des peltastes d'Iphicrate à Corinthe.

390-389 Campagne égéenne de Thrasybule. Contrôle des Détroits. Mort de Thrasybule.

388 Retour des Spartiates en Égée, reprise du contrôle des Détroits.

388 Aristophane, *Ploutos*.

386 Paix commune dite paix d'Antalcidas.

# Bibliographie

## ABRÉVIATIONS

AAPat   *Atti e Memorie dell'Accademia Patavina di Scienze, Lettere ed Arti Classe di Scienze morale, Lettere ed Arti*

ACD   *Acta Classica Universitatis Scientiarum Debreceniensis*

APF   J.K. Davies, *Athenian Propertied Families, 600-300 B.C.*, Oxford, 1971

APJ   *American Journal of Philology*

AClass   *Acta Classica. Proceedings of the Classical Association of South Africa*

A&R   *Atene e Roma*

Boll. Class.   *Bolletino Classico*

CA   *Classical Antiquity*

CJ   *Classical Journal*

CQ   *Classical Quarterly*

CPh   *Classical Philology*

CR   *Classical Review*

DTC   A. Pickard-Cambridge, *Dithyramb, Tragedy and Comedy*, Oxford, 1968².

DFA   A. Pickard-Cambridge, *Dramatical Festivals of Athens*, Oxford, 1988².

G&R   *Greece and Rome*

GRBS   *Greek Roman and Byzantine Studies*

*HSCPh*  *Harvard Studies in Classical Philology*
*JHS*  *Journal of Hellenic Studies*
J.-V.L.  Fr. Jouan et H. Van Looy (éd.), *Euripide, Fragments*, texte établi et traduit par Fr. Jouan et H. Van Looy, Paris, Les Belles Lettres, 2002.
K.-A.  R. Kassel, C. Austin, *Poetae comici Graeci,* Berlin, 1983-1995.
*LEC*  *Les Études Classiques*
*LIMC*  L. Kahil (éd.), *Lexicon Iconographicum Mythologiae Classicae*, Zurich, 1981-1987.
*LGPN*  M. J. Osborne, S.G. Byrne, éd., *A Lexicon of Greek Personal Names, II. Attica*, Oxford, 1994.
*MCr*  *Museum Criticum*
N²  A. Nauck (éd.), *Tragicorum Graecorum fragmenta*, Leipzig, 1888² (supplementum continens nova fragmenta Euripidea et adespota ad B. Snell, Hildesheim, 1964).
*PA*  A. Kirchner, *Prosopographia attica*, Berlin, 1901-1903.
*PP*  *Parola del Passato*
*Ph*  *Philologus*
*RAL*  *Rendiconti della Classe di Scienze morali, storiche e filologiche dell'Accademia dei Lincei*
*RE*  *Real Encyclopaedia*
*REG*  *Revue des Études grecques*
*RhM*  *Rheinisches Museum*
*RPh*  *Revue de Philologie*
*SAWW*  *Sitzungsberichte der Österreichischen Akademie der Wissenschaft in Wien*
*StudStor*  *Studi Storici*
*TAPhA*  *Transactions and Proceedings of the American Philological Association*
*TrGF*  S. Radt, *Tragicorum Graecorum Fragmenta, Sophocles*, vol. 4, Gottingen, 1977
*TrGF* II  (R. Kannicht, B. Snell (éd.), *Fragmenta adesota*, in *Tragicorum Graecorum Fragmenta* II, Gottingen, 1981.

*WJA*   *Würzburger Jahrbücher für die Altertumswissen-
        schaft*
*WS*    *Wiener Studien*
*ZPE*   *Zeitschrift für Papyrologie und Epigraphie*

### ÉDITIONS, COMMENTAIRES ET TRADUCTIONS

T. Hemstrius, Leipzig, 1811[2] ; B. Thiersh, Leipzig-Lon-
dres, 1830; H. Parker Cooksley, Londres, 1834;
G. Dindorf, Paris, 1838 ; E.A. Bétant, Genève,
1859; A. Meineke, Leipzig, 1860 ; C. Castellani,
Florence, 1872; W. C. Green, Cambridge, 1881;
F.H.M. Blaydes, Halis Saxonum, 1886; J. van
Leeuwen, Leipzig, 1904; F.W. Hall, W.M. Geldart,
Oxford, 1906-1907[2]; B.B. Rogers, Londres, 1907;
V. Coulon, Paris, 1930 (traduction de H. de Van
Daele); K. Holzinger, Vienne, 1940 ; R. Cantarella,
1964; G. Paduano, Milan, 1988 (trad. italienne); S.D.
Olson, Bryn Mawr, 1989; S. Halliwell, Oxford, 1997
(trad. anglaise); P. Thiercy, Paris, 1997 (trad. fran-
çaise); A. Sommerstein, Warminster, 2001; M.C.
Torchio, Alessandria, 2001.

ÉDITION DE RÉFÉRENCE: *Arisotphane, Ploutos,* texte établi
par V. Coulon et traduit par H. Van Daele, Paris, Les
Belles Lettres, 1930.

### FRAGMENTS DRAMATIQUES ET SCHOLIES

M. CHANTRY (éd.), *Scholia in Aristophanem* III, 4a.
*Scholia Vetera in Aristophanis Plutum*, Groningen,
1994.
M. CHANTRY (éd.), *Scholia in Aristophanem*, III, 4b.
*Scholia recentiora in Aristophanis Plutum*, Gro-
ningen, 1996.
F. DÜBNER (éd.), *Scholia Graeca in Aristophane*, Paris,
1877.

J.M. EDMONDS (éd.), *The Fragments of Attic Comedy*, I-III; Leyde, 1957-1961.

Fr. JOUAN et H. VAN LOOY (éd.), *Euripide, Fragments*, texte établi et traduit par Fr. Jouan et H. Van Looy, Paris, Les Belles Lettres, 2002.

R. KANNICHT, B. SNELL (éd.), *Fragmenta adesota*, in *TrGF* II, Gottingen, 1981.

TH. KOCK, *Comicorum Atticorum fragmenta*, I-III, Leipzig, 1880-1887.

R. KASSEL, C. AUSTIN, *Poetae comici Graeci*, Berlin, 1983-1995.

A. NAUCK (éd.), *Tragicorum Graecorum fragmenta*, Leipzig, 1888² (supplementum continens nova fragmenta Euripidea et adespota ad B. Snell, Hildesheim, 1964).

PROSOPOGRAPHIE ET ONOMASTIQUE

H.A. HOLDEN, *Onomasticon Aristophaneum*, Cambridge, 1902².

A. KIRCHNER, *Prosopographia attica*, Berlin, 1901-1903.

M. J. OSBORNE, S.G. BYRNE, éd., *A Lexicon of Greek Personal Names, II. Attica*, Oxford, 1994.

ICONOGRAPHIE

L. KAHIL (éd.), *Lexicon Iconographicum Mythologiae Classicae*, Zurich, 1981-1987.

ÉTUDES SUR LE *PLOUTOS* D'ARISTOPHANE

U. ALBINI, «La struttura del *Pluto* di Aristofane», *PP* 20, 1965, pp. 427-442 (repris in *Interpretazioni teatrali. Da Eschilo ad Aristofane*, Florence, 1972, pp. 152-171).

F. Allègre, «Aristophane, *Plutus*, vers 521», *REG* 10, 1897, pp. 10-13.

J. H. Barkhuizen, «The *Plutus* of Aristophanes», *AClass* 24, 1981, pp. 17-22.

W. Beare, «Χοροῦ in The *Plutus*. A Reply to Mr. Handley», *CQ* 5, 1955, pp. 49-52.

J. L. le Beau, «Mémoire sur le *Plutus* d'Aristophane, et sur les caractères assignés par les Grecs à la comédie moyenne», in *Histoire et mémoires de l'Académie royale des Inscriptions et Belles Lettres*, 30, Paris, 1764, pp. 51-82.

A. Bierl, « Karion, die Karer und der *Plutos* des Aristophane sals Inszenierung eines anthesterienartigen Ausnahmefestes », in A. Bierl, P. Von Möllendorf (éd. avec la collaboration de S. Vogt), *Orchestra, Drama, Mythos, Bühne. Festschrift für Herlmut Fashar anlässlich seines 65. Geburtstages*, Leipzig, 1994, pp. 30-43.

A. L. Boegehold, «Many Letters. Aristophanes' *Plutus* 1166-67 », in K.J. Rigsby (éd.), *Studies Presented to Sterling Dow on His Eightieth Birthday, GRBS* Suppl. X, Durham, 1984, pp. 23-29.

R. Cantarella, « L'ultimo Aristofane », *Dioniso*, 40, 1966, pp. 35-42.

–, « Aristoph. '*Plut.*' 422-425 et le riprese eschilee », *RAL* 20, 1965, pp. 363-381.

Q. Cataudella, « Aristoph. *Plut.* 566 », in Ἀντίδωρον *Hugoni Henrico Paoli oblatum. Miscellanea philologica*, Gênes, 1956, pp. 73-76.

A. De Cristofaro, *Su la duplice redazione del Pluto di Aristofano*, Naples, 1959.

M.R. Di Blasi, «Studi sulla tradizione manoscritta del *Pluto* di Aristofane, I. I papiri e i codici potiores; II. I codici recentiores », *Maia* 49, 1997, pp. 69-86 et pp. 367-380.

M. Di Marco, «Aristoph. *Plut.* 800 : Δεξίνιχος», *Boll. Class* II, 1981, pp. 158-165.

E. David, *Aristophanes and Athenian Society in the Early Fourth Century B.C.*, Leyde, 1984.

M. DILLON, *Aristophanes' Ploutos : Comedy in Transition*, Diss. Yale, 1984.

–, «Topicality in Aristophanes'*Ploutos*», *CA* 6, 1987, pp. 155-183.

S. EITREM, «De Mercurio Aristophane», *Ph* 68, 1909, pp. 344-367.

A. ERCOLANI, *Il passaggio di parola sulla scena tragica. Didascalie interne e struttura delle rhesis. Drama*, 12, Stuttgart-Weimar, 2000.

W. FAUTH, « Kulinarisches und Utopisches in der griechischen Komödie », *WS* N.F., 7, 1973, pp. 39-62.

CL. N. FERNÁNDEZ, *Plutos de Aristófanes. La Riqueza de los sentidos*, La Plata, 2002.

L. FIORENTINI, «Il corpo di Pluto sulla scena aristofanea», in A. M. Andrisano (éd.), *Il corpo teatrale fra testi e messinscena. Dalla drammaturgia classica all'esperienza laboratoriale contemporanea*, Rome, 2006, pp. 143-165.

A. FRANCHETTI, D. COMPARETTI, «Le guarigioni di Asclepio», *A&R* III, 1900, pp. 144-49.

H. FLASHAR, « Zur Eigenart des aristophanischen Spätwerkes », *Poetica* 1, 1967, pp. 154-175 (repris in H.J. Newiger (éd.), *Aristophanes und die alte Komödie*, Darmstadt, 1975, pp. 405-434 et E. Segal (éd.), *Oxford Readings in Aristophanes*, Oxford, 1996, pp. 314-328).

M. FÜHR, « De Pamphilo ab Aristophane memorato. Adiiciuntur quaedam de aliis eiusdem nominis viris », *RhM* 5, 1837, pp. 422-432.

A.H. GROTON, «Wreaths and rags in Aristophanes' *Plutus*», *CJ* 86, 1990-1991, pp. 16-22.

E. HANDLEY, « Χοροῦ in the *Plutus* », *CQ* 3, 1993, pp. 55-61.

G. HERTEL, *Die Allegorie von Reichtum und Armut.Ein aristophaneisches Motiv und seine Abwandlungen in der abendländischen Literatur*, Nuremberg, 1969.

F. HEBERLEIN, « Zur Ironie im *Plutus* des Aristophanes », *WJA* 7, 1981, pp. 27-49.

–, *Pluthygieia. Zur Gegenwelt bei Aristophanes*, Francfort, 1989².

J. HEMELRIJK, Πενία en Πλουτος, Amsterdam, 1925.

G. HERTEL, *Die Allegorie von Reichtum und Armut. Ein aristophanisches Motiv und seine Abwandlungen in der abendländischen Literatur, Erlanger Beiträge zur Sprach-und Kunstwissenschaft*, 33, Nuremberg, 1969.

K. HOLZINGER, *Kritisch-exegetiker Kommentar zu Aristophanes'Plutos*, SAWW, 228, 3, Vienne, Leipzig, 1940.
–, *Erklärungen umstrittener Stellen des Aristophanes* I, *SAWW*, 208, 5, Vienne-Leipzig, 1928.

F. HÜBNER, *De Pluto*, Halis Saxonum, 1914.

D. Kostan, M. Dillon, « The Ideology of Aristphanes' Wealth », *AJP* 102, 1981, pp. 371-394.

W. LAIBLE, *De Pluti aetate interpretes antiqui quid iudicaverint*, Diss. Leipzig, 1909.

E. LÉVY, « Richesse et pauvreté dans le *Ploutos* », *Ktèma* 22, 1997, pp. 201-212.

C. LUDWIG, *Pluti Aristophaneae utram recensionem veteri grammatices dixerint priorem*, Diss. Inaug. Ienens., Leipzig, 1888.

W. MAJOR, «Farting for Dollars: A Note on Agyrrhios in Aristophanes *Wealth* 176», *AJP* 123 (4), 2002, pp. 549-557.

J. McGLEW, « After Irony: Aristophanes'*Wealth* and its modern interpreters », *AJP* 118, 1997, pp. 35-53.

P. MUREDDU, «Il poeta drammatico da *didáskalos* a *mimetés*. Alcuni aspetti della critica lotteraria in Aristofane», *AION* (hlol.), IV-V, 1982-1983, pp. 75-98.

J. OERI, « Zu Aristophanes' *Plutos* 1028-1030 », *H* 34, 1899, p. 640.

S.D. OLSON, « Cario and the new world of Aristophanes'*Plutus* », *TAPhA* 119, 1989, pp. 193-199.
–, «Economics and Ideology in Aristophanes' *Wealth*», *HSCPh* 93, 1990, pp. 223-242.

A. PARADISO, «Le rite de passage du *Ploutos* d'Aristophane », *Métis* 2, 1987, pp. 249-267.

F. Perusino, « L'ultimo Aristofane e il passaggio della commedia antica alla commedia di mezzo », in *Dalla commedia antica alla commedia di mezzo. Tre studi su Aristofane* (Pubblicazioni dell'Università di Urbino. Science Umane. Serie di Linguistica, Letteratura, Arte, 8, Urbino, s.d. (pref. 1986), pp. 59-84.

L. Radt, « Zu Aristophanes' *Plutos* », *Mnemosyne* 29, 1976, pp. 254-267.

F. Robert, «Le *Plutus* d'Aristophane et l'Asclépiéion du Pirée », *RPh* 5, 1931, pp. 132-139.

P. Sfyroeras, « What Wealth has to do with Dionysus : from Economy to Poetics in Aristophanes'*Plutus* », *GRBS* 35, 1995, pp. 231-261.

J. Spielvogel, *Wirtschaft und Geld bei Aristophanes. Untersuchungen zu den ökonomischen Bedingungen in Athen im Übergang vom 5. zum 4. Jh. v. Chr.,* Francfort-sur-le-Main, 2001.

A. H. Sommerstein, «Aristophanes and the Demon Poverty», *CQ* 34, 1984, pp. 314-333.

D.F. Sutton, «Aristophanes, *Plutus* 819-822 », *RhM* 128, 1985, pp. 90-92.

V. Tamaro, «Note al *Pluto* di Aristofane », *MCr* 18, 1983, pp. 129-138.

E. Wölfe, *Plutos. Eine lietrarkritische Untersuchung der letzten erhaltenen Komödie des Aristophanes*, Diss., Fribourg, 1981.

B. Wynne-Wilson, «Aristoph. *Plutus*, l. 885», *CR* 4, 1890, pp. 382.

J. Zwicker, «Plutos», *RE*, 21 (1), 1951, cc. 1027-1052.

## Autres études

S. Accame, *Ricerche intorno alla guerra corinzia*, Naples, 1951.

U. Albini, *Nel nome di Dioniso. Vita teatrale nell'Atene classica*, Milan, 1991.

S. B. ALESHIRE, *The Athenian Asklepieion. The People, their Dedications, and the Inventories*, Amsterdam, 1989.

D. AUGER, « Le théâtre d'Aristophane : le mythe, l'utopie et les femmes », *Cahiers de Fontenay* 17, 1979, pp. 71-101.

L. BERNABÒ-BREA, *Le Maschere ellenistiche della tragedia greca*, Naples, 1998.

L. BERTELLI, « L'utopia greca », in L. Firpo, *Storie delle idée politiche, economiche e sociali*, Turin, 1982, pp. 463-581.

–, « Schiavi in utopia », *StudStor* 25, 1985, pp. 889-901.

S. BETA, *Il linguaggio nelle commedie di Aristofane : parola positiva e parola negativa nella commedia antica*, Rome, 2002.

F. BOURRIOT, « L'évolution de l'esclave dans les comédies d'Aristophane et l'essor des affranchissements au IVe siècle », in *Mélanges d'histoire ancienne offerts à William Seston*, Paris, 1974, pp. 35-47.

A. BOWIE, *Aristophanes. Myth, Ritual and Comedy*, Cambridge, 1993.

A. BRELICH, « Aristofane. Commedia e religione », *ACD* 5, 1969, pp. 21-30 (repris in M. Detienne, éd., *Il Mito. Guida storica et critica*, Rome-Bari, 1982², pp.103-18.

P. BRUN, *Eisphora-Syntaxis-Stratiotika*, Besançon-Paris, 1983.

R.J. BUCK, *Thrasybulus and the Athenian Democracy. The Life of an Athenian Statesman*, Stuttgart, 1998 (*Historia*, 120).

C. CALAME, *Thésée et l'imaginaire athénien. Légende et culte en Grèce antique*, Lausanne, 1990.

E. CANTARELLA, *I supplizi capitali in Grecia e Roma. Origini e funzioni della pena di morte nell'antichità classica*, Milan, 1991 (*Les Peines de mort en Grèce et à Rome. Origines et fonctions des supplices capitaux dans l'Antiquité classique*, Paris, 2000).

J.-Cl. CARRIÈRE, « L'Aristophane perdu. Une introduction aux trente-trois comédies disparues avec un choix de fragments traduits et commentés», in *Colloque le Théâtre Grec Antique : La Comédie. Actes*, Paris, 2000, pp. 197-236.

–, *Le Carnaval et la politique. Une introduction à la comédie grecque suivie d'un choix de fragments*, Paris, 1979 (*Annales Littéraires de l'Université de Besançon*, 212).

M. CASEVITZ, «Autour de ΧΡΗΣΤΟΣ chez Aristophane », in P. Thiercy, M. Menu (éd.), *Aristophane. La langue, la scène, la cité. Actes du colloque de Toulouse 17-19 mars 1994*, Bari, 1997, pp. 445-455.

M. R. CHRIST, *The Litigous Athenian*, Baltimore, 1998.

L. CLELAND, «The Semiosis of Description : Some reflections on fabric and colour in the Brauron Inventories», in L. Cleland, M. Harlow, L. Llewellyn-Jones (éd.), *The Clothed Body in the Ancient World*, Oxford, 2005, pp. 87-95.

K. CLINTON, *Myth and Cult. The Iconography of Eleusinian Mysteries*, Stockholm, 1992.

–, «Ploutos», in *LIMC* VII, 1, Zurich-Munich, 1994, pp. 416a-420b.

D. COHEN, *Law, Sexuality, and Society : The Enforcement of Morals in Classical Athens*, Cambridge, 1991.

ED. COHEN, *Athenian Economy and Society : a Banking Perspective*, Princeton, 1992.

D. COHEN, « A Note on Aristophanes and the Punishement of Adultery in Athenian Law », *ZRG* 102, 1985, pp. 385-87.

E. CORSINI, «La polemica contro la religione di stato in Aristofane», in E. Corsini (éd.), *La polis e il suo teatro* I, Padoue, 1986, pp. 149-183.

– (éd.), *La polis e il suo teatro*, I-II, Padoue, 1986-1988.

Ch. A. COX, *Household Interests. Property, Marriage, Strategies, and Family Dynamics*, Cambridge (MA), 1998.

E.CSAPO ET W. SLATER, *The Context of Ancient Drama*, Ann Arbor, 1995.

C. DARBO-PESCHANSKI, « Pour une poignée de figues. Judiciarisation moderne et sycophantie ancienne », in P. Schmitt Pantel et Fr. de Polignac (éd.), *Athènes et le Politique. Dans le sillage de Claude Mossé*, Paris, 2007.

J. DAVIDSON, *Courtesans and Fishcakes : Consuming Passions of Clasical Athens*, Londres, 1997.

J.K. DAVIES, *Wealth and the Power of Wealth in Classical Athens*, Salem, N.Y., 1984.

–, *Athenian Propertied Families, 600-300 B.C.*, Oxford, 1971.

P. DEMONT, *La Cité grecque archaïque et classique et l'idéal de tranquillité*, Paris, 1990.

–, « Aristophane, le citoyen tranquille et les singeries », in P. Thiercy, M. Menu (éd.), *Aristophane. La langue, la scène, la cité. Actes du colloque de Toulouse 17-19 mars 1994*, Bari, 1997, pp. 457-479.

L. DEUBNER, *Attische Feste*, Berlin, 1932.

E. J.-L. EDELSTEIN, *Asclepius. A Collection and Interpretation of the Testimonies I-II*, Baltimore, 1945.

R. DEVELIN, *Athenian Officials, 684-321 B.C.*, Oxford, 1971.

M. DICKIE, *Magic and Magicians in the Greco-Roman World*, Londres-New York, 2001.

M. DILLON, *Pilgrims and Pilgrimage in Ancient Greece*, Londres-New York, 1997.

C. DOGANIS, *Aux origines de la corruption. Démocratie et délation en Grèce ancienne*, Paris, 2007.

K.J. DOVER, *Aristophanic Comedy*, Londres, 1972.

–, *Greek Popular Morality in the Time of Plato and Aristotle*, Oxford, 1994 (1974[1]).

–, *Greek Homosexuality*, Londres, 1978.

– (éd.), *Aristophanes, Frogs*, Oxford, 1994.

– et W.G. Arnott, « Bibliographical Appendix, with additional material by N.-J. Lowe and D. Harvey », in D. Harvey et J. Wilkins (éd.), *The Rivals of Aris-*

*tophanes. Studies in Athenian Old Comedy*, Londres, 2000, pp. 507-525.

V. EHRENBERG, «*Polypragmosyne*. A Study in Greek Politics», *JHS* 67, 1947, pp. 46-67.

–, *The People of Aristophanes. A Sociology of Attic Comedy*, Oxford, 1951².

M. FARIOLI, *Mundus Alter : Utopie e Distopie nella commedia greca antica*, Milan, 2001.

V. GABRIELSEN, *Financing the Athenian Fleet*, Baltimore, 1994.

–, « ΦΑΝΕΡΑ and ΑΦΑΝΗΣ ΟΥΣΙΑ in Classic Athens », *Cl&M* 32, 1986, pp. 99-114.

G. GALLO, « Una ignorata testimonianza di Aristofane sul numero convenzionale dei cittadini ateniesi », *ASNSP*, série III, 9, 1979, pp. 505-511.

R. GARLAND, *The Piraeus : From the Fifth to the First Century B.C.*, Londres, 1987.

Ph. GAUTHIER, *Les Cités grecques et leurs bienfaiteurs : Contribution à l'histoire des institutions (BCH suppl.)*, Athènes, 1985.

P. GEISSLER, *Chronologie der altattische Komödie*, Berlin, 1969².

TH. GELZER, *Der epirrematische Agon bei Aristophanes*, Munich, 1960 (*Zetemata* 23).

–, « Aristophanes », *RE*, Suppl. XII, 1970, cc. 1392-1569.

L. GERNET, *Droit et socitété dans la Grèce ancienne*, Paris, 1964².

L. GIL, « El Aristófanes perdido », *Cuadernos de Filología Clásica*, 22, 1989, pp. 39-106.

FR. GRAF, «Religion and Drama », in M. McDonald, J. Michael Walton, *The Cambridge Companion to Greece and Rome Theatre*, 2007.

C. GRANDJEAN, « L'identité civique athénienne, l'argent et le bronze », in J.-Chr. Couvenhes et S. Milanezi (éd.), *Individus, groupes et politiques à Athènes de Solon à Mithridate*, Tours, 2007, pp. 233-240.

W. GÜNTHER, « "Vieux et inutilisable" dans un inven-

taire de Milet », in D. Koepfler et N. Quellet (éd.),
*Comptes et inventaires dans la cite grecque*, Genève,
1988, pp. 215-237.

S. Halliwell, « Aristophanes' Apprenticeship », in E.
Segal (éd.), *Oxford Readings in Aristophanes*, Oxford,
1996², pp. 98-116.

M. Halm-Tisserant, *Les Supplices en Grèce ancienne*,
Paris, 1998.

M.H. Hansen, « How many Athenians attended the
Ecclesia », in *The Athenian Ecclesia* I, Copenhagen,
1983, pp. 1-23.

–, « The Athenian 'Politicians', 403-322 B.C. », *GRBS*
24, 1983, pp. 33-55.

A.R.W. Harrison, *The Law of Athens*, Oxford, I, 1968 ;
II, 1971.

D. Harvey, «The Sycophant and sycophancy : Vexatious
redefinition ?» in P. Cartledge, P. Millett, S. Todd
(éd.), *Nomos. Essays in Athenian Law, Politics and
Society*, Cambridge, 1990, pp. 103-121.

J. Henderson, *The Maculate Muse. Obscende Language
in Attic Comedy*, New Haven-Londres, 1991².

–, « Older Women in Attic Old Comedy », *TAPhA*
117, 1987, pp. 105-129.

J.H. Hordern, « The Cyclops of Philoxenus », *CQ* 49,
1999, pp. 445-455.

R.L. Hunter, « The Comic Chorus in the Fourth Century », *ZPE* 36, 1979, pp. 23-38.

Th. K. Hubbard, *The Mask of Comedy Aristophanes
and the Intertextual Parabasis*, Ithaca-Londres, 1991
(*Cornell Studies in Classical Philology*, 51).

J. Jouanna, « Maladies et médecine chez Aristophane
», in *Le Théâtre Grec Antique : La Comédie. Actes*,
Paris, 2000, pp. 171-195.

M.F. Kilmer, *Greek Erotica*, Londres, 1993.

A. M. Komornicka, *Métaphores, personnifications et
comparaisons dans l'œuvre d'Aristophane*, Wroclaw-
Varsovie, Cracovie, 1964.

D. Konstan, *Greek Comedy and Ideology*, New York, Oxford, 1995.

–, *The Emotions of the Ancient Greeks. Studies in Aristotle and Classical Literature*, Toronto, 2006.

D. Lanza, *Lo Stolto. Di Socrate, Eulenspiegel, Pinocchio e altri trasgressori del senso commune*, Turin, 1997.

B. Le Guen, *La Vie religieuse dans le monde grec du V$^e$ au III$^e$ siècle avant notre ère.. Choix de documents épigraphiques traduits et commentés*, Toulouse, 1991.

–, « Théâtre et cités à l'époque hellénistique : mort de la cite – mort du theatre ? », *REG* 108, 1995, pp. 59-90.

S. Lewis, « Barber'shops and Perfume shops. 'Symposia without wine » , in A. Powell (éd.), *The Greek World*, Londres, 1995, pp. 432-441.

–, *News and Society in the Greek Polis*, Chapel Hill, 1996.

T. Linders, *Studies in the Treasure Records of Artemis Brauronia Found in Athens*, Stockholm, 1972.

E. Livrea, « Un epigramma di Posidippo e il *Cyclope* de Filosseno di Citera », *ZPE* 146, 2004, pp. 41-46.

G.E.R. Lloyd, *Polarity and Analogy. Two Types of Argumentation in Early Greek Thought*, Cambridge, 1966.

O. Longo, « Società, economia e politica in Aristofane », *Dioniso*, 57, 1987, pp. 111-133.

M.R. Lefkowitz, *The Lives of Greek Poets*, Londres, 1981.

N. Loraux, *La Cité divisée. L'oubli dans la mémoire d'Athènes*, Paris, 2005$^2$.

D. M. MacDowell, *The Law in Classical Athens*, Londres, 1978.

–, « Aristophanes and Kallistratos », *CQ* 32, 1982, pp. 21-26.

–, *Aristophanes and Athens. An Introduction to the Plays*, Oxford, 1995.

G. Mastromarco, « L'esordio segreto di Aristofane », *Quaderni di Storia* 10, 1979, pp. 153-196.

–, « Gli esordi di Aristofane e di Platone comico », *ZPE* 51, 1983, pp. 29-35.

–, *Introduzione ad Aristofane*, Roma-Bari, 1994.

H.B. MATTINGLY, *The Athenian Empire Restored and Historical Studies*, Ann Arbor, 1996.

G. MAURACH, « Interpretationen zur attischen Komödie », *AClass* 11, 1968, pp. 1-24.

S. MILANEZI, « Le suffrage du rire ou le spectacle du politique en Grèce », in M.-L. Desclos (éd.), *Le rire des Grecs. Anthropologie du rire en Grèce ancienne*, Grenoble, 2000, pp. 369-396.

–, « Beauty in Rags. On *rhakos* in Aristophanic theatre », in L. Cleland, M. Harlow, L. Llewellyn-Jones, *The Clothed Body in the Ancient World*, Oxford, 2005, pp. 75-86.

P. MAZON, *Essai sur la composition des comédies d'Aristophane*, Paris, 1904.

K. MCLEISH, *The Theatre of Aristophanes*, Londres, 1980.

G. MURRAY, *Aristophanes : a Study*, Oxford, 1933.

A. NATALICCHIO, « Μὴ μνησικακεῖν. L'amnistia », in S. Settis (éd.), II, 2, Turin, 1997, pp. 1305-1322.

H.G. NESSELRATH, *Die attische Mittlere Komödie. Ihre Stellung in der antiken Literaturkritik und Kiteraturgeschichte*, Berlin, New York, 1990 (Untersuchungen zur Antiken Literatur und Geschichte, 36).

H.J. NEWIGER, *Metapher und Allegorie. Studien zu Aristophanes*, Munich, 1957 (*Zetemata* 16).

– (éd.), *Aristophanes und die alte Komödie*, Darmstadt, 1975.

H. NICOLET-PIERRE, *Numismatique grecque*, Paris, 2005².

G. NORWOOD, *Greek Comedy*, Londres, 1931.

J. OBER, *Mass and Elite in Democratic Athens : Rhetoric, Ideology and the Power of the People*, Princeton, 1989.

R. OSBORNE, « Vexatious litigations in classical Athens : Sykophancy and the sycophant », in P. Cartledge, P.

Millett, S. Todd (éd.), *Nomos. Essays in Athenian Law, Politics and Society*, Cambridge, 1990, pp. 83-102.

R. PARKER, *Miasma : Pollution and Purification in Early Greek Religion*, Oxford, 1990².

–, *Athenian Religion : A History*, Oxford, 1996.

–, *Polytheism and Society in Ancient Athens*, Oxford, 2005.

A. PICKARD-CAMBRIDGE, *Dithyramb, Tragedy and Comedy*, Oxford, 1968².

–, *Dramatical Festivals of Athens*, Oxford, 1988².

E. PÖHLMANN, « Der Überlieferungswert der Χοροῦ-Vermerke in Papyri und Handschriften », *Würzburger Jahrbücher* 3, 1977, pp. 69-81 (repris *in Studien zur Bühnendichtung und zum Theaterbau der Antike*, Francfort, 1995, pp. 199-212).

G.A. PRIVITERA, « Il ditirambo fino al IV secolo », in R. Bianchi Bandinelli, *Storia e civiltà dei Greci*, V, Milan, 1979, pp. 311-325.

P. RAU, *Paratragodia. Untersuchung einer komischen Form des Aristophanes*, Munich, 1967.

M. REVERMANN, *Comic Business: Theatricality, Dramatic Technique, and Performance Contexts of Aristophanic Comedy*, Oxford, 2006.

I.RODRIGUEZ ALFAGEME, « La structure scénique du prologue chez Aristophane », in P. Thiercy, M. Menu (éd.), *Aristophane. La langue, la scène, la cité. Actes du colloque de Toulouse 17-19 mars 1994*, Bari, 1997, pp. 43-65.

K. S. ROTHWELL, « The Continuity of the Chorus in Fourth-Century Attic Comedy », *GRBS* 33, 1992, pp. 209-225 (repris in G. Dobrov (éd.), *Beyond Aristophanes. Transition and Diversity in Greek Comedy*, Atlanta, 1995, pp. 99-118).

J. ROY, « Traditional Jokes about the Punishment of Adulterers in Ancient Greek Literature », *LCM* 16, 1991, pp. 73-76.

C.F. RUSSO, *Aristofane autore di teatro*, Florence, 1984².

R. SAETTA-COTTONE, *Aristofane e la poetica dell'ingiuria. Per una introduzione alla loidoria comica*, Rome, 2005.

E. SAMAMMA, *Les Médecins dan le monde grec. Sources épigraphiques sur la naissance d'un corps médical*, Genève, 2003.

H. SARIAN, «Erinys», in *LIMC* III, 1, Zurich-Munich, 1986, pp. 825a-843a.

F. SARTORI, «Aristofane e il culto attico di Asclepio», *AAPat* 85, 1972-1973, pp. 363-378.

–, «'Rovesciare la democrazia' nell'ultimo Aristofane», in L. Belloni, V. Citti, L. de Finis (éd.), *Dalla lirica al teatro: nel ricordo di Mario Untersteiner (1899-1999)*, Trente, 1999, pp. 141-158.

R. SEAFORD, *Money and the Early Greek Mind. Homer, Philosophy, Tragedy*, Cambridge, 2004.

R. SEAGER, « Thrasybulus, Conon and Athenian Imperialism, 396-386 B.C. », *JHS* 87, 1967, pp. 95-115.

–, « The Corinthian War », in *CAH* VI, Cambridge, 1994 2, pp. 97-119.

E. SEGAL (éd.), *Oxford Readings in Aristophanes*, Oxford, New York, 1996.

G.M. SIFAKIS, « Aristotle, *E.N.* IV, 2, 1123 a 19-24, and the Comic Chorus in the Fourth Century », *AJP* 102, 1971, pp. 410-432.

M.S. SILK, *Aristophanes and the Definition of Comedy*, Oxford, 2000.

F. SOKOLOWSKI, « Fees and Taxes in the Greek Cults », *Harvard Theological Studies* 4 / (3), 1954, pp. 153-164.

E. STAFFORD, *Worshipping Virtues. Personification and the Divine in Ancient Greece*, Londres, 2000.

L.M. STONE, *Costume in Aristophanic Comedy*, New York, 1981.

F.T. VAN STRATEN, *Hiera Kala : Images of Animal Sacrifice in Archaic and Classical Greece*, Leyde, New York, Cologne, 1995.

A.H. SOMMERSTEIN, *Aeschylean Tragedy*, Bari, 1996.

R.S. STROUD, *The Athenian Grain-Tax Law of 374/3 B.C.* (*Hesperia*, supp. 29), Princeton, 1998.

D.F. SUTTON, « Dithyramb as Δρᾶμα. Philoxenus of Cythera's Cyclops or Galatea », *QUCC* 42, 1983, pp. 37-43.

–, «The Theatrical Families of Athens », *AJP* 108, 1987, pp. 9-26.

J. TAILLARDAT, *Les Images d'Aristophane. Etudes de langue et de style*, Paris, 1965 2.

O. TAPLIN, *Comic Angels and Other Approaches to Greek Drama throug Vase-Paintings*, Oxford, 1993.

–, «Do the 'phlyax Vases' have bearings on Athenian Comedy and the polis?», in A. H. Sommerstein, S. Halliwell, J. Henderson, B. Zimmermann (éd.), *Tragedy, Comedy and the Polis*, Baris, 1993a, pp. 527-544.

CL. TAYLOR, «Bribery in Athenian Politics. Part I : Accusations, Allegations and Slander», *G&R* 48, 2001, pp. 53-66.

–, « Bribery in Athenian Politics. Part II : Ancient Reaction and Perceptions», *G&R* 48, 2001, pp. 154-172.

P. THIERCY, *Aristophane : fiction et dramaturgie*, Paris, 1986.

–, M. Menu (éd.), *Aristophane. La langue, la scène, la cité. Actes du colloque de Toulouse 17-19 mars 1994*, Bari, 1997.

S. THOMPSON, *Motif-Index of Folk Literature. A Classification of Narrative Elements in Folktales, Ballads, Myths, Fables, Medieval Romances, Exempla, Fabliaux, Jest-Books and Local Legends*, I-VI, Bloomington, Indiana, 1955-1958.

S. TODD, *The Shape of Athenian Law*, Oxford, 1993.

Y.L. TOO, *The Idea of Litterary Criticism*, Oxford, 1998.

–, *The Rhetoric of Identity in Isocrates. Text, Power, Pedagogy*, Cambridge, 1995.

M. TRÉDÉ, « Aristophane, critique littéraire », in J. Leclant et J. Jouann (éd.), *Le Théâtre grec antique : la comédie*.

Actes du 10ᵉ colloque de la Villa Kérylos à Beaulieu-sur-mer, octobre 1999, Paris, 2000, pp. 129-139.

FR. VANNIER, « Les Finances chez Aristophane. D'un triobole à l'autre », *LEC* 53, 1985, pp. 373-385.

–, *Finances publiques et richesses privées dans le discours athénien aux Vᵉ et IVᵉ siècles*, Paris-Besançon (*Annales Littéraires de l'Université de Besançon*, 362), 1988.

P. VIDAL-NAQUET, « Esclavage et Gynécocratie entre la tradition, le mythe, l'utopie », *in Le Chasseur noir. Formes de pensée et formes de société dans le monde grec*, Paris, 1981, pp. 278-281.

T.B.L. WEBSTER, *Studies in Later Greek Comedy*, Manchester, 1953.

L. WELLS, *The Language of Healing from Homer to New Testament Times*, Berlin-New York, 1998.

X WILLI, *The Langage of Attic Comedy*, Oxford, 2002.

J. WILKINS, *The Boastful Chef. The Discourse of Food in Ancient Greek Comedy*, Oxford, 2000.

U. VON WILAMOWITZ-MÖLLENDORFF, *Aristophanes. Lysistrate*, erklärt von U. von Wilamowitz-Möllendorff, Berlin, 1927.

P. WILSON, *The Athenian Institution of the Khoregia : The Chorus, the City and the Stage*, Cambridge, 2000.

B. ZIMMERMANN, *Dithyrambos. Geschichte einer Gattung*, Göttingen, Zurich, 1992.

–, « The *Parodoi* of the Aristophanic Comedy », in E. Segal (éd.), Oxford Readings on Aristophanes, Oxford, 1996, pp. 182-193 (= *Studi Italiani di Filologia Classica* 1984, pp. 13-24).

# Table

Introduction.................................................................. VII

*Ploutos* ........................................................................ 1

Index des noms propres ............................................ 127

Structure du *Ploutos*................................................. 137

Les œuvres d'Aristophane ......................................... 139

Repères chronologiques............................................. 141

Bibliographie.............................................................. 143